Psychologische Diagnostik in familienrechtlichen Verfahren

**Kompendien Psychologische Diagnostik
Band 19**

Psychologische Diagnostik in familienrechtlichen Verfahren

Prof. Dr. Jelena Zumbach, Dipl.-Psych. Bärbel Lübbehüsen,
Prof. Dr. Renate Volbert, Prof. Dr. Peter Wetzels

Begründer der Reihe:

Prof. Dr. Franz Petermann, Prof. Dr. Heinz Holling

Jelena Zumbach
Bärbel Lübbehüsen
Renate Volbert
Peter Wetzels

Psychologische Diagnostik in familienrechtlichen Verfahren

Prof. Dr. Jelena Zumbach, geb. 1988. Seit 2013 Tätigkeit als psychologische Sachverständige in familienrechtlichen Verfahren in Kooperation mit dem Bremer Institut für Gerichtspsychologie. Seit Oktober 2018 Juniorprofessorin für Familienrechtspsychologie an der Psychologischen Hochschule Berlin.

Dipl.-Psych. Bärbel Lübbehüsen, geb. 1948. Seit 1990 Tätigkeit als psychologische Sachverständige in familienrechtlichen Verfahren. Seit 1991 Gesellschafterin und Institutsleiterin des Bremer Instituts für Gerichtspsychologie.

Prof. Dr. Renate Volbert, geb. 1957. Seit 1984 Tätigkeit als forensisch-psychologische Sachverständige. Seit 1984 am Institut für Forensische Psychiatrie an der Charité – Universitätsmedizin Berlin (bis 2003 FU Berlin) tätig. Seit 2009 außerplanmäßige Professorin an der FU Berlin (Fachbereich Erziehungswissenschaft und Psychologie). Seit 2015 Professorin für Rechtspsychologie an der Psychologischen Hochschule Berlin.

Prof. Dr. Peter Wetzels, geb. 1959. Seit 1986 Tätigkeit als psychologischer Sachverständiger in den Bereichen Familienrecht und Strafrecht. Seit 1988 Gesellschafter des Bremer Instituts für Gerichtspsychologie. Seit 2002 Professor für Kriminologie an der Fakultät für Rechtswissenschaft der Universität Hamburg (Fakultät für Rechtswissenschaft und Fakultät für Wirtschafts- und Sozialwissenschaft).

Wichtiger Hinweis: Der Verlag hat gemeinsam mit den Autoren bzw. den Herausgebern große Mühe darauf verwandt, dass alle in diesem Buch enthaltenen Informationen (Programme, Verfahren, Mengen, Dosierungen, Applikationen, Internetlinks etc.) entsprechend dem Wissensstand bei Fertigstellung des Werkes abgedruckt oder in digitaler Form wiedergegeben wurden. Trotz sorgfältiger Manuskripterstellung und Korrektur des Satzes und der digitalen Produkte können Fehler nicht ganz ausgeschlossen werden. Autoren bzw. Herausgeber und Verlag übernehmen infolgedessen keine Verantwortung und keine daraus folgende oder sonstige Haftung, die auf irgendeine Art aus der Benutzung der in dem Werk enthaltenen Informationen oder Teilen davon entsteht. Geschützte Warennamen (Warenzeichen) werden nicht besonders kenntlich gemacht. Aus dem Fehlen eines solchen Hinweises kann also nicht geschlossen werden, dass es sich um einen freien Warennamen handelt.

Bibliografische Information der Deutschen Nationalbibliothek
Die Deutsche Nationalbibliothek verzeichnet diese Publikation in der Deutschen Nationalbibliografie; detaillierte bibliografische Daten sind im Internet über http://dnb.dnb.de abrufbar.

Das Werk einschließlich aller seiner Teile ist urheberrechtlich geschützt. Jede Verwertung außerhalb der engen Grenzen des Urheberrechtsgesetzes ist ohne Zustimmung des Verlags unzulässig und strafbar. Das gilt insbesondere für Vervielfältigungen, Übersetzungen, Mikroverfilmungen und die Einspeicherung und Verarbeitung in elektronischen Systemen.

Hogrefe Verlag GmbH & Co. KG
Merkelstraße 3
37085 Göttingen
Deutschland
Tel. +49 551 999 50 0
Fax +49 551 999 50 111
verlag@hogrefe.de
www.hogrefe.de

Satz: ARThür Grafik-Design und Kunst, Weimar
Druck: mediaprint solutions GmbH, Paderborn
Printed in Germany
Auf säurefreiem Papier gedruckt

1. Auflage 2020
© 2020 Hogrefe Verlag GmbH & Co. KG, Göttingen
(E-Book-ISBN [PDF] 978-3-8409-3023-2; E-Book-ISBN [EPUB] 978-3-8444-3023-3)
ISBN 978-3-8017-3023-9
https://doi.org/10.1026/03023-000

Inhaltsverzeichnis

Vorwort 7

1 Familienrechtspsychologie und Sachverständigentätigkeit in familienrechtlichen Verfahren 9

2 Fallkonstellationen, rechtliche Grundlagen und Begriffsbestimmungen 11
2.1 Rechtsnormen 13
2.2 Kindeswohlgefährdung, Sorgerechtsentzug und Rückführung 16
2.3 Sorgerechtliche Fragen nach Elterntrennung 19
2.4 Umgangsrechtliche Fragen nach Elterntrennung 21
2.5 Positive und negative Kindeswohlprüfung sowie Gefährdungsabgrenzung 22

3 Der psychologisch-diagnostische Prozess in familienrechtlichen Verfahren 24
3.1 Überblick des psychologisch-diagnostischen Prozesses 24
3.2 Konstruktspezifikationen und Überführung juristischer Fragen in psychologisch-diagnostische Fragestellungen 26
3.3 Erstellung des einzelfallbezogenen Untersuchungsplans auf Basis der psychologischen Fragestellungen 31

4 Zentrale diagnostische Bausteine in der familienrechtlichen Begutachtung 36
4.1 Diagnostische Interviews: Anamnese- und Explorationsgespräche 37
4.1.1 Explorationsgespräche mit Elternteilen 37
4.1.2 Explorationsgespräche mit Kindern und explorationsunterstützende Erhebungsverfahren 41
4.1.3 Diagnostik des Kindeswillens 44
4.2 Verhaltensbeobachtung 46
4.2.1 Verhaltensbeobachtung auf Individualebene 47
4.2.2 Verfahren zur freien und strukturierten Interaktionsbeobachtung von Kindern und Eltern 50
4.2.3 Verfahren zur Bindungsdiagnostik 74

4.3	Testdiagnostik	77
4.3.1	Testdiagnostik mit Kindern	79
4.3.2	Testdiagnostik mit Elternteilen	92
4.4	Diagnostik von Psychopathologie und Grenzen der Diagnostik im Rahmen der Begutachtung	97
4.5	Gespräche mit beteiligten Fachkräften und Einholung fremdanamnestischer Angaben	100
4.6	Gespräche mit weiteren Familienangehörigen	100
4.7	Hausbesuche	101
4.8	Gemeinsame Elterngespräche und Hinwirken auf Einvernehmen	102
5	**Bewertung der diagnostischen Einzelbefunde und Gutachtenerstellung**	**105**
5.1	Systematisierung der diagnostischen Ergebnisse und Vorbereitung der schriftlichen Gutachtenerstellung	105
5.2	Bewertung der Ergebnisse und Beantwortung der psychologischen Fragestellungen	109
5.3	Ableitung der kindeswohlorientierten Einschätzung und Beantwortung der gerichtlichen Fragestellungen unter Berücksichtigung empirischer Befunde und ihrer Grenzen	113
5.3.1	Risikoanalyse und Kindeswohlprognose bei (drohender) Kindeswohlgefährdung	116
5.3.2	Kindeswohlorientierte Einschätzung in sorge- und umgangsrechtlichen Fragestellungen	122
5.3.3	Beantwortung der gerichtlichen Fragestellung	125
5.3.4	Probleme und Grenzen der Kindeswohlprognose: Herausforderungen und Perspektiven für die rechtspsychologische Forschung	125
6	**Qualitätsanforderungen, Mindeststandards und berufsethische Aspekte**	**128**
Literatur		**132**

Vorwort

Familiengerichte wenden sich regelmäßig an psychologische Sachverständige, um Begutachtungen in sorge- und umgangsrechtlichen Fragen sowie Fragen bei einer drohenden Kindeswohlgefährdung durchzuführen. Psychologischen Sachverständigengutachten wird von den Familiengerichten in der Regel ein erhebliches Gewicht beigemessen. Die Gutachten haben insofern Auswirkungen auf die gerichtlichen Entscheidungen und damit auch auf das weitere Leben von Familien, Eltern und Kindern. Vor diesem Hintergrund muss man den Anspruch erheben, dass Sachverständige die besten verfügbaren wissenschaftlichen Erkenntnisse integrieren und objektive, zuverlässige und valide Erhebungsinstrumente anwenden.

In den letzten Jahren stellte eine medial sowie in Fachkreisen entfachte Diskussion um die Qualität psychologischer Sachverständigengutachten im Familienrecht infrage, dass dieser Anspruch regelmäßig erfüllt wird. Familienrechtspsychologische Gutachten gerieten durch diese Diskussion deutlich stärker sowohl in den politischen als auch in den wissenschaftlichen Aufmerksamkeitsfokus. Darauf folgten Bemühungen zur Qualitätssicherung, die zum Beispiel in der Veröffentlichung von aktualisierten Mindeststandards für die familienrechtspsychologische Begutachtung in Deutschland mündeten (Arbeitsgruppe Familienrechtliche Gutachten, 2019). Diese sollen sicherstellen, dass verfügbare wissenschaftliche Befunde für dieses Feld auch tatsächlich im Rahmen der familienrechtlichen Begutachtung beachtet und systematisch auf diagnostische und Beurteilungsschritte übertragen werden.

Im Rahmen dieser Qualitätsdebatten wurde aber auch deutlich, dass im Hinblick auf die wissenschaftliche Fundierung des gutachterlichen diagnostischen Vorgehens zwar auf empirische Befunde aus der Entwicklungspsychologie und Diagnostik sowie systematisierte jahrelange Praxiserfahrungen und klinische Expertise zurückgegriffen werden kann und sollte. Andererseits sind aber auch deutliche Lücken der Forschung im spezifischen Feld der Familienrechtspsychologie zu erkennen. Hier mangelt es bis heute vor allem an gezielten längsschnittlichen Studien und hochwertigen Evaluationsuntersuchungen, die differenziertere Erkenntnisse gerade zu den Fragestellungen liefern, mit denen sich Sachverständige im Rahmen kindeswohlorientierter Prognoseeinschätzungen befassen müssen, die deren Arbeit im Einzelfall insofern auch weiter verbessern können. Hier ist zu hoffen, dass die familienrechtspsychologische Forschung sich dem in näherer Zukunft intensiver zuwenden kann und wird.

Ein strukturiertes diagnostisches Vorgehen und eine evidenzbasierte Herleitung psychologischer Empfehlungen im Rahmen von Sachverständigengutachten im Kindschaftsrecht sind notwendig, damit psychologische Sachverständige wissenschaftlich begründete, am Kindeswohl orientierte Einschätzungen und Empfehlungen abgeben können. Dieser Band liefert einen strukturierten Überblick über das fachlich gebotene psychologisch-diagnostische Vorgehen im Rahmen der familienrechtspsychologischen Begutachtung. Wir haben großen Wert darauf gelegt, eine umfassende Grundlage für die Auswahl diagnostischer Ansätze und Verfahren zur Begutachtung unter Bezugnahme auf aktuelle empirische Befunde zu präsentieren. In allen Kapiteln verwenden wir zur Veranschaulichung Anwendungsbeispiele, die auf Fällen aus unserer eigenen gutachterlichen Praxis basieren und für die Leserinnen und Leser so hoffentlich nachvollziehbar machen, wie die theoretischen Ausführungen in praktische Anwendungen münden.

Unser besonderer Dank gilt Frau cand. B. Sc. Psych. Anna Oster, die das Manuskript stets mit größter Sorgfalt bearbeitet und korrigiert hat, sowie dem Verlag für die hervorragende Zusammenarbeit.

Berlin, im Mai 2020

Jelena Zumbach
Bärbel Lübbehüsen
Renate Volbert
Peter Wetzels

1 Familienrechtspsychologie und Sachverständigentätigkeit in familienrechtlichen Verfahren

Bei der Familienrechtspsychologie handelt es sich um ein Anwendungsgebiet der Psychologie, in dem Grundlagen- und Anwendungswissen in besonderem Maße zusammengeführt werden. Dettenborn und Walter (2016) definieren als Gegenstand der Familienrechtspsychologie „menschliches Erleben und Verhalten beim Auf- und Abbau familiärer Beziehungen, soweit dabei Konflikte der rechtlichen Einflussnahme bedürfen" (S. 16). Gerichtsverfahren nach Trennung und Scheidung von Eltern (i.d.R. Sorgerechts- und Umgangsrechtsverfahren) sowie Gerichtsverfahren bei Fragen nach Kindeswohlgefährdung (i.d.R. Verfahren zum Entzug elterlicher Sorge oder auch Umgangsverfahren nach einer Fremdplatzierung) machen kindeswohlorientierte Entscheidungen notwendig, für die psychologische Expertise häufig unabdingbar ist. Die Familienrechtspsychologie gehört zur wissenschaftlichen Disziplin der Rechtspsychologie, die Grundlagen und Methodenwissen verschiedener Bereiche der Psychologie auf dieses spezielle Anwendungsfeld überträgt. Hier fließen Erkenntnisse aus Entwicklungspsychologie, Entwicklungspsychopathologie, klinischer Psychologie, Psychometrie, Familienpsychologie, Erziehungswissenschaft und Rechtswissenschaft zusammen (vgl. Volbert & Steller, 2008).

In diesem Band wird ein strukturierter Überblick über das psychologisch-diagnostische Vorgehen im Rahmen der familienrechtlichen Begutachtung nach dem aktuellen *state of the art* gegeben. Nach einer Einführung in relevante Fallkonstellationen, Rechtsnormen und Begriffsbestimmungen (Kapitel 2) wird ein Überblick über den psychologisch-diagnostischen Prozess in der familienrechtspsychologischen Begutachtung geliefert (Kapitel 3). Es wird dargelegt, wie juristische Fragestellungen in fallspezifische psychologische Fragestellungen überführt werden, die den Begutachtungsprozess bestimmen und strukturieren. Weiter wird die darauf basierende systematische Ableitung eines Untersuchungsplans demonstriert. Im Kapitel 4 werden die zentralen diagnostischen Bausteine der familienrechtspsychologischen Begutachtung im Einzelnen erörtert. Unter Bezug auf empirische Befunde wird eine umfassende Grundlage für die Auswahl diagnostischer Ansätze und Verfahren zur Begutachtung im Einzelfall präsentiert. Anschließend wird im Kapitel 5 eine Systematisierung der diagnostischen Ergebnisse aus den einzelnen psychodiagnostischen Ansätzen und die Bewertung und Gewichtung vor dem Hintergrund rechtspsychologischer Prüfkriterien erläutert. Es folgen Ausführungen zur Herleitung der kindeswohlorientierten Einschätzung und der Beantwortung der gerichtlichen Fragestellungen. Der Band schließt in Kapitel 6 mit einem Überblick über Qualitätsanforderungen, Mindeststandards und berufsethische Aspekte. In allen Kapiteln werden Anwendungsbeispiele zu den einzelnen Arbeitsschritten präsentiert, die aus der eigenen gutachterlichen Praxis stammen und für die Leserinnen und Leser nachvollziehbar machen sollen, wie die theoretischen Ausführungen in praktische Anwendungen münden. Alle Beispiele in diesem Buch sind fiktiv, basieren aber auf realen Anwendungsfällen aus der Praxis.

2 Fallkonstellationen, rechtliche Grundlagen und Begriffsbestimmungen

Familienrechtliche Verfahren, in denen es zu psychologischen Begutachtungen kommt, betreffen hauptsächlich Fragestellungen bezüglich der elterlichen Sorge (gemäß §1626 und §1671 BGB), des persönlichen Umgangs (gemäß §§1684, 1685 BGB) und des Entzugs der elterlichen Sorge (gemäß §1666 BGB). Ein zuständiges Gericht beauftragt hier psychologische Sachverständige, um für die richterliche Entscheidungsfindung notwendige sachkundige Informationen zu erhalten und eine kindeswohlorientierte Entscheidung vorzubereiten. Die aus den Sachverhaltsfeststellungen zu ziehenden Konsequenzen obliegen dem Gericht (vgl. Dettenborn & Walter, 2016; Salzgeber, 2015; Zumbach, 2017).

Der rechtliche Maßstab in allen familienrechtlichen Verfahren ist dabei das *Kindeswohl*, als auslegungsbedürftiger, unbestimmter Rechtsbegriff (vgl. §1697a BGB). In der Kinderrechtskonvention der Vereinten Nationen von 1989 wird in Artikel 3 das Wohl des Kindes als ein Gesichtspunkt festgelegt, der bei allen staatlichen und behördlichen Entscheidungen, Eingriffen und Maßnahmen, die Kinder betreffen, vorrangig zu berücksichtigen ist. Das Grundgesetz liefert zentrale normative Bezugspunkte für die Konkretisierung des Kindeswohlbegriffs. So sind Kinder als Grundrechtsträger Personen mit eigener Menschenwürde (Art. 1 Abs. 1 GG), mit dem Recht auf Leben und körperliche Unversehrtheit (Art. 2 Abs. 2 GG), mit dem Recht auf Entfaltung ihrer Persönlichkeit (Art. 2 Abs. 1 GG) und dem Recht auf Schutz ihres Eigentums und Vermögens (Art. 14 Abs. 1 GG).

Orientierung am Kindeswohl

Der Kindeswohlbegriff gilt als herausragende familienrechtliche Verfahrensleitlinie. Hierbei wird das Kindeswohl teils als Generalklausel und teils als unbestimmter und wertausfüllungsbedürftiger Rechtsbegriff bezeichnet, der nicht allgemeingültig festgelegt ist und im Einzelfall präzisiert werden muss (vgl. Balloff, 2018). Der juristische Grundgedanke des Kindeswohls wird in §1 Abs. 1 SGB VIII formuliert: „Jeder junge Mensch hat ein Recht auf Förderung seiner Entwicklung und auf Erziehung zu einer eigenverantwortlichen und gemeinschaftsfähigen Persönlichkeit." Auch die ständige Rechtsprechung des Bundesverfassungsgerichts bezieht sich auf Schutz und Förderung als wesentliche Kriterien des Kindeswohls und beschreibt die Verantwortung der

Kindeswohl als Rechtsbegriff

Eltern darin, Umstände zu schaffen, in denen sich das Kind zu einer „eigenverantwortlichen Persönlichkeit innerhalb der sozialen Gemeinschaft entwickeln" kann (BVerfG, NJW 1968, 2233, 2235). Neben dem gegenwärtigen Schutz vor Gefahren begründet der Bezug auf die Entwicklungserfordernisse des Kindes auch eine Zukunftsorientierung des Kindeswohlbegriffs. „Das aus den Grundrechten abzuleitende Kindeswohl umfasst daher nicht nur den Ist-Zustand des Kindes oder der/des Jugendlichen, sondern auch den Prozess der Entwicklung zu einer selbstbestimmten Persönlichkeit" (Schmid & Meysen, 2006, S. 2-2).

Damit rekurrieren juristische Definitionen auf primär psychologische Konstrukte, wie die Persönlichkeitsentwicklung von Kindern oder Jugendlichen. Problematisch ist, dass der Kindeswohlbegriff aus psychologischer Perspektive bislang nur unzureichend empirisch gefüllt wurde und für das Kindeswohl als latentes Konstrukt durchaus Divergenzen hinsichtlich der psychologischen Definition und Operationalisierung (Messbarmachung durch beobachtbare Indikatoren) bestehen.

Familienrechtspsychologischer Kindeswohlbegriff

In der deutschsprachigen familienrechtspsychologischen Literatur findet sich eine Definition bzw. Operationalisierung des Kindeswohlbegriffs durch Dettenborn und Walter (2016): Unter familienrechtspsychologischen Aspekten definieren diese das Kindeswohl als „die für die Persönlichkeitsentwicklung eines Kindes oder Jugendlichen günstige Relation zwischen seiner Bedürfnislage und seinen Lebensbedingungen". Hierbei werden „Bedürfnisse" als Entwicklungserfordernisse definiert, „günstig" meint, „wenn die Lebensbedingungen die Befriedigung der Bedürfnisse insoweit ermöglichen, dass die sozialen und altersgemäßen Durchschnittserwartungen an körperliche, seelische und geistige Entwicklung erfüllt werden" (S. 70f.). Individuelle Entwicklungserfordernisse eines konkreten Kindes sollten jedoch ebenso miteinbezogen werden (vgl. Abbildung 1).

Allerdings berücksichtigt diese Definition den Aspekt, das Kind als Träger von verfassungsrechtlich geschützten Grundrechten anzusehen, nicht voll-

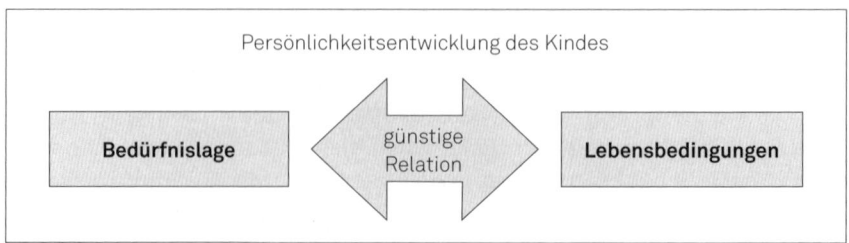

Abbildung 1: Maßstab Kindeswohl nach familienrechtspsychologischer Definition

umfänglich (Balloff, 2018). Das Bundesverfassungsgericht beruft sich bei Entscheidungen zum Kindeswohl vorrangig auf die aktuelle wie auch zukünftige Bedürfnislage des Kindes sowie auf das elterliche auf die Bedürfnisse des Kindes abgestimmte Verhalten. Das Bundesverfassungsgericht fordert eine konkrete und individuelle Abwägung der kurz- und mittelfristigen „Auswirkungen [des elterlichen Verhaltens] auf das Kind und seine Persönlichkeitsentwicklung" (BVerfG 1 BvR 1914/17 [BeckRS 2017, 136507]). Hierbei wird dem *Kindeswillen* eine besondere Bedeutung beigemessen. „Die Grundrechte des Kindes gebieten, bei der gerichtlichen Sorgerechtsregelung den Willen des Kindes zu berücksichtigen, soweit das mit seinem Wohl vereinbar ist" (BVerfG 1 BvR 1914/17 [BeckRS 2017, 136507]; grundlegend BVerfG, FamRZ 1981, *124*, 126 f.) „Mit der Kundgabe seines Willens macht das Kind von seinem Recht zur Selbstbestimmung Gebrauch. Hat der Kindeswille bei einem Kleinkind noch eher geringes Gewicht, so kommt ihm im zunehmenden Alter des Kindes vermehrt Bedeutung zu" (BVerfG 1 BvR 1914/17 [BeckRS 2017, 136507]).

Kindeswille

Zur *Kindeswohlgefährdung* kommt es folglich dann, wenn die in diesem Sinne relevanten Entwicklungsbedürfnisse des Kindes nicht mehr ausreichend erfüllt werden. In der Rechtsprechung hat sich die Definition der Kindeswohlgefährdung im Sinne des § 1666 BGB als „eine gegenwärtige, und zwar in einem solchen Maß vorhandene Gefahr ..., daß sich bei der weiteren Entwicklung der Dinge eine erhebliche Schädigung des geistigen oder leiblichen Wohls des Kindes mit ziemlicher Sicherheit voraussehen läßt" etabliert (grundlegend BGH, NJW, 1956, 1434, 1434).

Kindeswohlgefährdung

2.1 Rechtsnormen

Die wichtigsten Rechtsnormen finden sich im Grundgesetz (GG), im Bürgerlichen Gesetzbuch (BGB), im Gesetz über das Verfahren in Familiensachen und in den Angelegenheiten der freiwilligen Gerichtsbarkeit (FamFG) sowie im Sozialgesetzbuch (SGB) Achtes Buch (VIII) und in der UN-Kinderrechtskonvention.

Die relevanten *Grundrechte* des Kindes ergeben sich aus Art. 1, Art. 2, Art. 6 und Art. 14 GG. In Art. 1 Abs. 1 S. 1 GG ist die Unantastbarkeit der Menschenwürde formuliert. Nach Art. 2 Abs. 1 GG hat jeder „das Recht auf die freie Entfaltung seiner Persönlichkeit, soweit er nicht die Rechte anderer verletzt und nicht gegen die verfassungsmäßige Ordnung oder das Sittengesetz verstößt". Ferner hat jeder „das Recht auf Leben und körperliche Unversehrtheit" (Art. 2 Abs. 2 GG). Aus Art. 2 GG geht die staatliche Pflicht hervor, Lebensbedingungen für das Kind zu gewährleisten, die für die Ent-

Grundrechte des Kindes

wicklung und das gesunde Aufwachsen des Kindes erforderlich sind (BVerfG, NJW, 1968, 2233, 2235). Des Weiteren ist auch der Schutz des Vermögens des Kindes grundrechtlich gesichert (Art. 14 Abs. 1 GG). Aus Art. 6 Abs. 2 S. 2 GG geht schließlich das staatliche Wächteramt hervor, welches den Staat berechtigt und verpflichtet, das Wohl des Kindes zu schützen. Hierin begründet sich die Funktion und die Berechtigung des Staates, über das natürliche Recht und die Pflicht der Eltern, ihre Kinder zu pflegen und zu erziehen, zu wachen.

Autonomie der Familie als verfassungsrechtliches Gut

Demgegenüber steht die Autonomie der Familie als verfassungsrechtliches Gut. „Pflege und Erziehung der Kinder sind das natürliche Recht der Eltern und die zuvörderst ihnen obliegende Pflicht" (Art. 6 Abs. 2 GG). Kinder dürfen gegen den Willen der Erziehungsberechtigten nur „auf Grund eines Gesetzes von der Familie getrennt werden, wenn die Erziehungsberechtigten versagen oder die Kinder zu verwahrlosen drohen" (Art. 6 Abs. 3 GG). Nach Art. 6 Abs. 1 und 2 GG obliegt dem Staat eine Verantwortung zum Schutz der Ehe und der Familie, sodass Eingriffe in deren Autonomie nur im Ausnahmefall durch den grundrechtlichen Schutz des Kindeswohls zu rechtfertigen sind.

Aufgabe von Familiengerichten

Dies findet unter anderem Niederschlag in familienrechtlichen Verfahren. Hier stehen weitreichende Entscheidungen zur Debatte, die im extremsten Fall zu einer Trennung der Kinder oder Jugendlichen von ihren Eltern führen können. Wird ein enges Begriffsverständnis von Kinderschutz zugrunde gelegt, so bilden Jugendämter und Familiengerichte in Deutschland den Kern der institutionellen Arrangements für die Bearbeitung von Fällen, in denen das Vorliegen einer Kindeswohlgefährdung geprüft oder in denen auf der Grundlage einer festgestellten Kindeswohlgefährdung gehandelt werden muss. Das staatliche Wächteramt obliegt in Deutschland institutionell den Jugendämtern und den Familiengerichten. Die beiden genannten Institutionen bilden den Kern des staatlichen Kinderschutzsystems, da ihnen vom Gesetzgeber exklusive und zentrale Rollen bei der Bearbeitung von Fällen einer möglichen oder tatsächlichen Kindeswohlgefährdung zugewiesen sind.

Heranziehung von psychologischen Sachverständigen

Ohne psychologisches Wissen, welches auf einer belastbaren empirischen Grundlage basiert, lassen sich Kindeswohlfragen jedoch oft kaum beantworten. In diesem Kontext werden daher durch Familiengerichte regelmäßig *psychologische Sachverständige* mit Begutachtungen beauftragt, um für die richterliche Entscheidung notwendige sachkundige Informationen zu liefern und eine kindeswohlorientierte Entscheidung vorzubereiten. Sachverständige können in familienrechtlichen Verfahren somit einen wichtigen Beitrag zur Entscheidungsfindung leisten, indem sie den Familiengerichten am Kindeswohl orientierte Einschätzungen zur Verfügung stellen (vgl. Abbildung 2). Die Heranziehung einer Gutachterin oder eines Gutachters dient der Schließung einer Kompetenzlücke. Die erforderliche psychologische Diagnostik und fachwissenschaftliche Beurteilung kann nicht durch das Gericht erfolgen und wird deshalb an Sachverständige übertragen. Letztere haben innerhalb des Verfahrens eine neutrale Rolle, der in der Regel ein rein diagnostischer Auftrag zugrunde liegt. In Einzelfällen kann das Gericht allerdings anordnen, „dass der Sachverständige bei der Erstellung des Gutachtens auch auf die Herstellung des Einvernehmens zwischen den Beteiligten hinwirken soll" (§ 163 Abs. 2 FamFG), woraus sich auch eine explizit intervenierende Funktion der oder des Sachverständigen ergeben kann.

Die Heranziehung von psychologischen Sachverständigen ist in der Zivilprozessordnung (ZPO) und im FamFG normiert. In Verfahren nach § 151 Nr. 1 bis 3 FamFG ist ein Gutachten durch einen geeigneten Sachverständigen zu erstatten, der mindestens über eine psychologische, psychotherapeutische, kinder- und jugendpsychiatrische, psychiatrische, ärztliche, pädagogische oder sozialpädagogische Berufsqualifikation verfügen soll. Im Falle von Sachverständigen mit pädagogischer oder sozialpädagogischer Berufsqualifikation ist der zusätzliche Erwerb ausreichender diagnostischer und analytischer Kenntnisse durch eine anerkannte Zusatzqualifikation nachzuweisen (§ 163 Abs. 1 FamFG). Zur Frage einer psychologischen bzw. psychotherapeutischen Berufsqualifikation ergibt sich aus der Stellungnahme der Wissenschaftlichen

Qualifikation von Sachverständigen in familienrechtlichen Verfahren

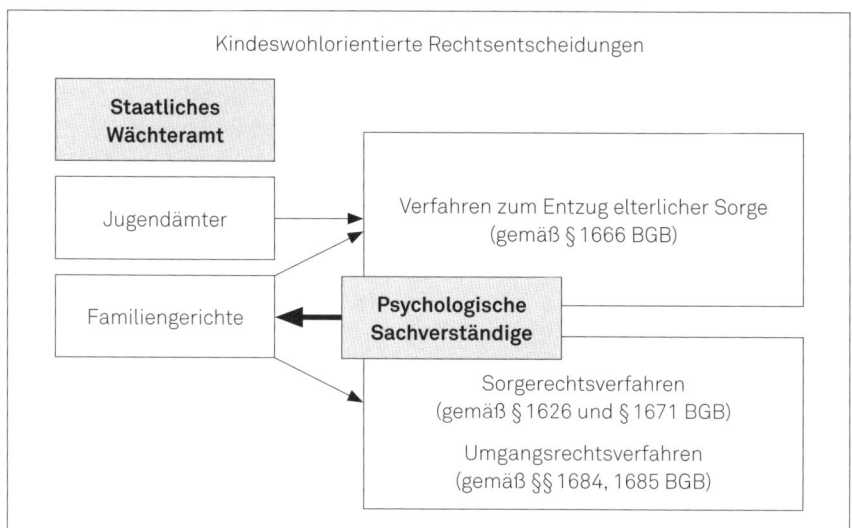

Abbildung 2: Institutionelle Beteiligung bei kindeswohlorientierten Rechtsentscheidungen und Heranziehung von psychologischen Sachverständigen

Dienste des Deutschen Bundestages (2016) zu § 163 Absatz 1 FamFG, dass ein erfolgreich abgeschlossenes Hochschulstudium der Psychologie verlangt wird. Das Vorliegen einer psychotherapeutischen Approbation ist für die rechtspsychologische Begutachtung hingegen nicht erforderlich, da keine Heilbehandlung erfolgt, die dem Psychotherapeutengesetz unterliegt (vgl. BGH XII ZA 10/18 [BeckRS 2018, 25625]). Eine rechtspsychologische Begutachtung ist ein Auftrag ganz eigener Art mit spezifischen Anforderungen und Besonderheiten. Zur Sicherstellung der rechtspsychologischen Qualifikation wird daher eine spezifische rechtspsychologische Zusatzqualifikation gefordert (vgl. Arbeitsgruppe Familienrechtliche Gutachten, 2019; Okulicz-Kozaryn, Schmidt & Banse, 2019).

2.2 Kindeswohlgefährdung, Sorgerechtsentzug und Rückführung

Definition von Kindeswohlgefährdung

Verfahren zum Entzug elterlicher Sorge nach § 1666 BGB liegt grundsätzlich die Frage nach einer *Kindeswohlgefährdung* zugrunde. Die „positive Bestimmung des Kindeswohls" im Sinne einer „günstigen Relation zwischen seiner Bedürfnislage und seinen Lebensbedingungen" (Dettenborn & Walter, 2016, S. 70) genügt hier für Eingriffe folglich nicht. Eine Gefährdung entsteht dann, wenn die Lebensbedingungen eines Kindes seinem Bedarf nicht (mehr) gerecht werden. Es wird die Definition einer Gefährdung des Kindeswohls erforderlich, die Dettenborn und Walter (2016, S. 294) als „alle Unterlassungen oder Handlungen einer unmittelbaren Bezugsperson, in der Regel des Sorgeberechtigten, die mit hoher Wahrscheinlichkeit zu erheblichen physischen oder psychischen Beeinträchtigungen des Kindes führen", bestimmen. Regelfälle sind Gewalttätigkeiten, sexueller Missbrauch, seelische Grausamkeit oder Vernachlässigungen des Kindes, die sich u. a. durch nachhaltige Gleichgültigkeit gegenüber dem Kind, Unzulänglichkeiten in der Pflege, Ernährung, Begleitung, bei den Wohnverhältnissen, der Aufsicht und der Fürsorge für das Kind zeigen können (Heiß & Castellanos, 2013).

Verhältnismäßige Maßnahmen bei Vorliegen einer Kindeswohlgefährdung

Nach § 1666 BGB hat das Gericht bei Vorliegen von Kindeswohlgefährdungen erforderliche und geeignete Maßnahmen anzuordnen, die zur Abwendung einer Gefahr für das Kindeswohl geboten sind. Entsprechend §§ 1666, 1666a BGB müssen diese Maßnahmen dem Grundsatz der Verhältnismäßigkeit entsprechen. „Verhältnismäßigkeit bedeutet, dass die gewählte Maßnahme zum Schutz des Kindes geeignet, erforderlich und im Verhältnis zum Elternrecht angemessen sein muss" (Schmid & Meysen, 2006, S. 2–4). Das Kind darf von seiner elterlichen Familie nur getrennt werden, wenn mildere Maßnahmen (beispielsweise die Installation einer ambulanten Familienhilfe) die Gefahr nicht abwenden können (§ 1666a Abs. 1 BGB).

Ebenfalls möglich ist es, den Eltern das Sorgerecht nur für einen bestimmten Bereich zu entziehen und auf eine Ergänzungspflegerin oder einen Ergänzungspfleger zu übertragen (beispielsweise für die Gesundheitsfürsorge, um eine notwendige psychotherapeutische Behandlung des Kindes zu gewährleisten, der die Eltern nicht zustimmen; Salzgeber, 2015). „Die gesamte Personensorge darf nur entzogen werden, wenn andere Maßnahmen erfolglos geblieben sind oder wenn anzunehmen ist, dass sie zur Abwendung der Gefahr nicht ausreichen" (§ 1666a Abs. 2 BGB).

Wesentlich ist, dass es in Entscheidungen zum Entzug der elterlichen Sorge grundsätzlich nur um eine *Gefährdungsabwendung* geht. Im Unterschied zu sorge- und umgangsrechtlichen Verfahren (vgl. Abschnitte 2.3 und 2.4) ist nicht nach einer besten oder besseren Entwicklungsmöglichkeit des Kindes gefragt (Dettenborn & Walter, 2016). Entsprechend ist nicht relevant, ob die Bedürfnisse des Kindes bei einer Fremdunterbringung besser erfüllt würden und eine angemessenere Förderung gewährleistet wäre, solange das Kindeswohl nicht gefährdet ist (Salzgeber, 2015). Während in sorge- und umgangsrechtlichen Verfahren eine Bestimmung des Kindeswohls im Sinne einer „günstigen Relation zwischen [der] Bedürfnislage und [den] Lebensbedingungen [des Kindes]" (Dettenborn & Walter, 2016, S. 70) angestrebt wird, bleibt das Kindeswohl in Verfahren zum Entzug elterlicher Sorge zwar Bezugspunkt, entscheidend ist aber die Abwendung der bestehenden oder drohenden Gefahr. Geprüft wird folglich, ob die Erziehungsfähigkeit der Eltern oder eines Elternteils genügt, um den individuellen Entwicklungserfordernissen des Kindes in einem ausreichenden Maß gerecht zu werden.

Gefährdungsabwendung

Bezugspunkt der Abwägung aus psychologischer Perspektive sind verschiedene *Kindeswohlkriterien* (vgl. Tabelle 1), die sich in eltern- und kindbezogene Kriterien unterteilen lassen (vgl. Dettenborn & Walter, 2016; Kindler, Lillig, Blüml, Meysen & Werner, 2006). Ein Überblick über die Befundlage zu empirischen Zusammenhängen zwischen den kindbezogenen Kindeswohlkriterien und dem Kindeswohl als Konstrukt findet sich in Kindler (2018).

Kindeswohlkriterien

Tabelle 1:   Kindeswohlkriterien

Kindbezogene Kindeswohlkriterien	Elternbezogene Kindeswohlkriterien
• personale Dispositionen sowie psychische und Verhaltensauffälligkeiten des Kindes • Beziehungsmerkmale • Bindungsmerkmale • Aussage und Wille des Kindes • Kontinuitätsprinzip	• personale Dispositionen • elterliche Erziehungsfähigkeit • Förderungsfähigkeit und Förderungsbereitschaft • Kooperations- und Kommunikationsfähigkeit und -bereitschaft • Veränderungsfähigkeit und Veränderungsbereitschaft

Erforderliches Maß der Gefährdung

Nach ständiger Rechtsprechung des Bundesgerichtshofs und des Bundesverfassungsgerichts ist Voraussetzung einer (teilweisen) Entziehung der elterlichen Sorge – gerade im Zusammenhang mit der Trennung des Kindes von seinen Eltern – „eine gegenwärtige, in einem solchen Maß vorhandene Gefahr, daß sich bei der weiteren Entwicklung der Dinge eine erhebliche Schädigung des geistigen oder leiblichen Wohls des Kindes mit ziemlicher Sicherheit voraussehen läßt" (BGH, NJW, 1956, 1434, 1434). „Dabei kann das erforderliche Maß der Gefahr nicht abstrakt generell festgelegt werden. Denn der Begriff der Kindeswohlgefährdung erfasst eine Vielzahl von möglichen, sehr unterschiedlichen Fallkonstellationen. Erforderlich ist daher seine Konkretisierung mittels Abwägung der Umstände des Einzelfalls durch den mit dem Fall befassten Tatrichter" (BGH, NJW, 2017, 1032, 1033).

Überprüfungspflicht

Befindet sich ein Kind nach gerichtlicher Entscheidung in einer Fremdunterbringung, muss die Maßnahme nach § 1696 Abs. 2 BGB wieder aufgehoben werden, „wenn eine Gefahr für das Wohl des Kindes nicht mehr besteht oder die Erforderlichkeit der Maßnahme entfallen ist". § 166 Abs. 2 FamFG begründet eine Überprüfungspflicht für länger dauernde kindesschutzrechtliche Maßnahmen in angemessenen Zeitabständen. Abhängig von Umfang und Intensität des Eingriffs ist eine Überprüfung nach 1 bis 3 Jahren als angemessen anzusehen (Heiß & Castellanos, 2013).

Rückführung in die Ursprungsfamilie

Die Anpassung oder Aufhebung der nach § 1666 BGB angeordneten Maßnahme hängt von einer erneuten Prüfung einer Kindeswohlgefährdung ab. Neben der Überprüfung eines Wegfalls des ursprünglichen Gefährdungsgrundes muss nun auch geprüft werden, ob das Kindeswohl durch eine Trennung von den Pflegeeltern gefährdet würde. In diesem Fall müssen die Rechte des Kindes gegenüber denen der Ursprungs- wie auch der Pflegefamilie abgewogen werden. Dabei bleiben das Kindeswohl und ein möglicherweise bestehender Kindeswille vorrangig vor den Elternrechten (vgl. Heiß & Castellanos, 2013).

Rechte der Pflegeeltern

Seit 2009 sind die Rechte von Pflegeeltern im Verfahren gestärkt. Sie können vom Gericht als Beteiligte hinzugezogen werden, sofern dies im Interesse des Kindes ist (§ 161 Abs. 1 S. 1 FamFG). Die Beteiligung im Verfahren begründet eine besondere Rechtstellung. Diese führt u. a. dazu, dass die Pflegeeltern über den Verlauf des Verfahrens informiert werden und die Möglichkeit haben, aktiv Einfluss zu nehmen. Erfolgt nach Aufhebung von Maßnahmen nach § 1666 BGB, bei denen das Kind in einer Pflegefamilie untergebracht war, ein Herausgabeverlangen der Eltern, kann nach § 1632 Abs. 4 eine Verbleibensanordnung erlassen werden, wenn durch das Herausgabeverlangen das Kindeswohl in einem Ausmaß gefährdet würde, das dem Grad der Gefahr im Sinne des § 1666 BGB entspricht. Die Gefährdung des Kindeswohls kann sich daraus ergeben, dass es aus Verhältnissen herausgerissen wird, in denen es sich wohlgefühlt und eingelebt hat und durch die eine förderliche Entwicklung gesichert ist (Heiß & Castellanos, 2013).

2.3 Sorgerechtliche Fragen nach Elterntrennung

Die §§ 1626 Abs. 1, 1631 BGB regeln die Grundsätze der Personen- und Vermögenssorge für Kinder, die den verheirateten Eltern gemeinsam obliegt oder die durch Sorgeerklärungen nicht verheirateter Eltern begründet wird. Vor allem Fragen der Regelung der Personensorge können zum Anlass für psychologische Gutachten werden. Die Personensorge nach § 1626 Abs. 1 BGB umfasst Fürsorge und Pflege (vorrangig die Gesundheitsfürsorge), Erziehung, Aufsichtspflicht sowie das Aufenthalts- und Umgangsbestimmungsrecht.

Personen- und Vermögenssorge

Im Regelfall ist davon auszugehen, dass eine bestehende gemeinsame elterliche Sorge nach Trennung oder Scheidung erhalten bleibt. Dies gilt auch für nicht verheiratete Eltern, bei denen eine gemeinsame Sorgeerklärung besteht (Salzgeber, 2015). In diesem Fall ist eine psychologische Begutachtung üblicherweise nicht zu erwarten.

Sofern allerdings ein oder beide Elternteile einen Antrag auf die Übertragung des alleinigen Sorgerechts nach § 1671 BGB stellen, können Fragen zum Kindeswohl entstehen, die ein psychologisches Sachverständigengutachten erforderlich machen. Anders als bei Verfahren zum Entzug der elterlichen Sorge richtet sich bei sorgerechtlichen Verfahren zur Übertragung von Teilbereichen oder der vollständigen alleinigen Sorge auf einen Elternteil das Kindeswohlprinzip nach der Variante, „die dem Kindeswohl am besten entspricht" (§ 1671 Abs. 1, Var. 2 BGB). Bezugspunkt der Abwägung sind die *Sorgerechtskriterien* (vgl. Tabelle 2), die sich ebenso wie die Kindeswohlkriterien (vgl. Abschnitt 2.2) in eltern- und kindbezogene Kriterien unterteilen lassen (vgl. Dettenborn & Walter, 2016; Heiß & Castellanos, 2013).

Sorgerechtskriterien

Tabelle 2: Sorgerechtskriterien

Kindbezogene Sorgerechtskriterien	Elternbezogene Sorgerechtskriterien
• Beziehungsmerkmale des Kindes zu den Bezugspersonen (Eltern, Geschwister, andere Bezugspersonen) • Bindungsmerkmale • Wille des Kindes • Kontinuitätsprinzip	• elterliche Erziehungsfähigkeit • Förderungsprinzip • Kooperations- und Kommunikationsfähigkeit und -bereitschaft • Bindungstoleranz der Elternteile

Entscheidung innerhalb des Antragsrahmens

Das Gericht entscheidet über die Übertragung des Sorgerechts grundsätzlich nur im Rahmen der gestellten Anträge. Folglich kann das Sorgerecht durch das Gericht nur auf einen Elternteil übertragen werden, der dieses auch beantragt hat. Sofern sich der Antrag nur auf Teilübertragungen des Sorgerechts bezieht, kann auch die richterliche Entscheidung nur in Bezug auf diese Anteile des Sorgerechts getroffen werden. Entsprechend beschränkt sich auch die oder der psychologische Sachverständige auf psychologische Aspekte in Fragen zum jeweils strittigen Sorgerechtsbereich (Salzgeber, 2015).

Übertragung der alleinigen elterlichen Sorge

Nach § 1671 Abs. 1 BGB ist dem Antrag der Eltern zuzustimmen, sofern beide Elternteile übereinstimmen und die beantragte Übertragung des (Teil-)Sorgerechts dem Wohl des Kindes am besten entspricht. Hierbei wird, auch bei Übereinstimmung beider Elternteile, zunächst geprüft, ob der Erhalt der gemeinsamen Sorge dem Kindeswohl nicht widerspricht. „Weil die gemeinsame Ausübung der Elternverantwortung eine tragfähige soziale Beziehung zwischen den Eltern voraussetzt und ein Mindestmaß an Übereinstimmung zwischen ihnen erfordert, darf der Gesetzgeber einem Elternteil die Hauptverantwortung für das Kind für den Fall zuordnen, dass die Voraussetzungen für eine gemeinsame Wahrnehmung der Elternverantwortung fehlen" (vgl. BVerfG, FamRZ 2003, *285*, 287). Sofern dies der Fall ist, muss geprüft werden, ob die Übertragung des alleinigen Sorgerechts auf den Antragsteller das Kindeswohl am besten gewährleistet. Haben beide Elternteile einen Antrag auf alleinige Sorge gestellt, muss entschieden werden, welcher Elternteil besser geeignet ist, das Kindeswohl zu gewährleisten.

Auch hier gilt der Grundsatz des geringstmöglichen Eingriffs. Sofern dem Kindeswohl durch die Übertragung von Teilbereichen des Sorgerechts entsprochen werden kann, ist eine gänzliche Sorgerechtsübertragung auf einen Elternteil zu vermeiden. Für den Fall, dass die Aufhebung des gemeinsamen Sorgerechts dem Kindeswohl entspricht, die Übertragung des Sorgerechts auf einen Elternteil dem Kindeswohl aber ebenfalls entgegensteht, muss das Verfahren nach § 1666 BGB geführt werden (Dettenborn, 2008; Salzgeber, 2015).

Vorrang einvernehmlicher Lösungen

Zu jedem Zeitpunkt des Verfahrens ist das Gericht verpflichtet, auf ein Einvernehmen zwischen den Parteien hinzuwirken, sofern dies dem Kindeswohl nicht widerspricht (§ 156 FamFG). Dem liegt der Gedanke zugrunde, dass die Beteiligten den Bedingungen einer einvernehmlichen Lösung positiver gegenüberstehen und diese mit höherer Wahrscheinlichkeit konfliktfrei erfüllen, was dem Kindeswohl grundsätzlich dienlich ist. Das Gericht kann basierend auf diesem Grundsatz auch die oder den Sachverständigen beauftragen, im Rahmen einer intervenierenden Tätigkeit auf ein Einvernehmen hinzuwirken (siehe Abschnitt 4.8).

2.4 Umgangsrechtliche Fragen nach Elterntrennung

Umgangsrechtliche Fragen ergeben sich zum einen nach Trennung der Eltern, bei gemeinsamem wie auch alleinigem Sorgerecht und zum anderen nach Fremdunterbringung eines Kindes. Das Umgangsrecht ergibt sich aus § 1684 Abs. 1 BGB für das Kind, wie auch für beide Elternteile, wobei die Eltern zum Umgang nicht nur berechtigt, sondern auch verpflichtet sind. Nach der Rechtsprechung des Bundesverfassungsgerichts steht das „Umgangsrecht der Eltern unter dem Schutz des Art. 6 Abs. 2 Satz 1 GG. Es ermöglicht dem umgangsberechtigten Elternteil, sich von dem körperlichen und geistigen Befinden des Kindes und seiner Entwicklung fortlaufend persönlich zu überzeugen, die verwandtschaftlichen Beziehungen zu ihm aufrechtzuerhalten, einer Entfremdung vorzubeugen und dem Liebesbedürfnis Rechnung zu tragen" (BVerfG, 2015, 2561, 2561; BVerfG, NJW, 1971, 1447; BVerfG, NJW, 1983, 2491).

Umgangsrecht und -pflicht

Grundsätzlich wird davon ausgegangen, dass der Umgang mit beiden Elternteilen dem Kindeswohl entspricht, weshalb eine erhebliche Einschränkung oder ein Ausschluss nur gerechtfertigt ist, wenn andernfalls eine Kindeswohlgefährdung bestünde (Salzgeber, 2015). „Eine Einschränkung oder der Ausschluss des Umgangsrechts kommen ... dann in Betracht, wenn nach den Umständen des Einzelfalls der Schutz des Kindes dies erfordert, um eine Gefährdung seiner seelischen oder körperlichen Entwicklung abzuwehren" (BVerfG, 2015, 2561, 2561; BVerfG, NJW, 1971, 1447). Bezugspunkt der Abwägung sind in der wissenschaftlichen Literatur vorgeschlagene *umgangsrelevante Kriterien* (vgl. Tabelle 3), die sich ebenfalls in eltern- und kindbezogene Kriterien unterteilen lassen (vgl. Balloff, 2018; Dettenborn & Walter, 2016).

Umgangsbeschränkung bei Kindeswohlgefährdung

Umgangsrelevante Kriterien

Tabelle 3: Umgangsrelevante Kriterien

Kindbezogene umgangsrelevante Kriterien	Elternbezogene umgangsrelevante Kriterien
• Beziehungsmerkmale des Kindes zu den Elternteilen (umgangssuchender Elternteil sowie betreuender Elternteil) • Bindungsmerkmale des Kindes zu den Elternteilen (umgangssuchender Elternteil sowie betreuender Elternteil) • Stressressourcen des Kindes • Kindeswille in Bezug auf den Umgang	• Fähigkeit und Bereitschaft des getrenntlebenden Elternteils zur kindgemäßen Kontaktgestaltung (Umgangs- und Betreuungskompetenz) • Vorliegen bzw. Risiko kindeswohlgefährdender Verhaltensweisen (z. B. Gewalt zwischen den Eltern, physische oder psychische Misshandlung des Kindes, sexueller Missbrauch) • Konfliktniveau in der elterlichen Beziehung • Bindungstoleranz der Eltern

Auch im Bereich der Umgangsregelungen muss eine Einschränkung des Elternrechts (durch Einschränkung oder Ausschluss des Umgangs) verhältnismäßig und erforderlich sein. Bei Einschränkungen oder Ausschluss von Umgangskontakten ist auszuschließen, dass mildere Maßnahmen zum Schutz des Kindeswohls umgesetzt werden können (z. B. Bestellung eines Umgangspflegers). Ein Umgangsausschluss ist nur umzusetzen, wenn andernfalls eine Gefahr für das Wohl des Kindes gegenwärtig oder mit hoher Sicherheit in der Zukunft besteht und mildere Mittel nicht ausreichen, um die Gefährdung abzuwenden (Salzgeber, 2015).

Umgangsbeschränkung für kurze Zeit

Bei Einschränkungen oder Ausschluss des Umgangs für kurze Zeit muss keine Kindeswohlgefährdung vorliegen. Es genügt stattdessen, wenn die Regelung „zum Wohl des Kindes erforderlich ist" (§ 1684 Abs. 4 S. 1 BGB). Darüber hinaus kann nach § 1684 Abs. 4 S. 3 BGB angeordnet werden, dass der Umgang nur in Anwesenheit eines mitwirkungsbereiten Dritten stattfinden darf. Auch hier muss eine solche Regelung erforderlich sein, um das Kindeswohl zu gewährleisten (Salzgeber, 2015). Auch in Bezug auf Umgangsregelungen besteht der aus § 156 FamFG hervorgehende Vorrang einer einvernehmlichen Lösung.

2.5 Positive und negative Kindeswohlprüfung sowie Gefährdungsabgrenzung

Vor dem Hintergrund der dargelegten Rechtsnormen dient die folgende Zusammenfassung der Ableitung des diagnostischen Auftrags an die oder den Sachverständigen. Der Argumentation von Heiß und Castellanos (2013) folgend ist übergeordnet zu unterscheiden, ob nach Gesetzeslage grundsätzlich geprüft werden muss, ob eine Regelung dem Kindeswohl „am besten entspricht" bzw. „dient" (positive Kindeswohlprüfung), ob eine Regelung dem Kindeswohl „nicht widerspricht" (negative Kindeswohlprüfung), oder ob bei einer Regelung „das Wohl des Kindes andernfalls gefährdet wird" (Gefährdungsabgrenzung). Tabelle 4 liefert eine Übersicht über diese Systematisierung mit Verweis auf die entsprechenden Gesetzesgrundlagen.

Systematisierung der Kindeswohlprüfung

Differenzierung von Kindeswohlkriterien, Sorgerechtskriterien und umgangsrelevanten Kriterien

Es ist zudem zusammenfassend festzuhalten, dass hinsichtlich der psychologischen Kriterien (Kindeswohlkriterien, Sorgerechtskriterien, umgangsrelevante Kriterien) für die unterschiedlichen Formen der Kindeswohlprüfung durchaus Überschneidungen bestehen, weshalb in der Literatur teilweise auch allgemeine Kindeswohlkriterien präsentiert werden. Wichtig ist jedoch, dass die einzelnen Kriterien vor dem Hintergrund der unterschiedlichen Fragestellungen eine unterschiedliche Gewichtung und teilweise auch inhaltliche Ausrichtung erfahren (z. B. betreffend das Kriterium der Erziehungsfähigkeit, vgl. hierzu Abschnitt 3.2). Aus diesem Grund wurde in dem vorliegenden Band eine Präzisierung und Systematisierung der einzelnen Kriterien vorgenommen, die in der Zuordnung zu Kindeswohlkriterien, Sorgerechtskriterien und umgangsrelevanten Kriterien mündet.

Tabelle 4: Positive und negative Kindeswohlprüfung sowie Gefährdungsabgrenzung

Positive Kindeswohlprüfung	Negative Kindeswohlprüfung	Gefährdungsabgrenzung
„… entspricht dem Kindeswohl am besten" bzw. „… dient dem Kindeswohl"	„… widerspricht dem Kindeswohl nicht"	„… das Wohl des Kindes andernfalls gefährdet wird"
§ 1697a BGB Kindeswohlprinzip § 1626 BGB Gemeinsame elterliche Sorge als Grundsatz bei verheirateten Eltern § 1671a BGB Übertragung der Alleinsorge, auch Teilbereiche (doppelte positive Kindeswohlprüfung) § 1684 Abs. 1 BGB Umgangsrecht mit beiden Elternteilen als Grundsatz	§ 1626a BGB Gemeinsame elterliche Sorge bei nicht verheirateten Eltern als Grundsatz, wenn dies dem Kindeswohl nicht widerspricht § 162a Abs. 1 Nr. 3 BGB Beibehaltung von Teilbereichen der gemeinsamen elterlichen Sorge (Prinzip des geringstmöglichen Eingriffs)	§§ 1666, 1666a BGB Abwendung von Kindeswohlgefährdung (bedeutet nicht das Recht des Staates, dem Kind eine optimale Förderung und Erziehung zuteilwerden zu lassen; es gelten die Grundsätze der Verhältnismäßigkeit und der Erforderlichkeit) § 1684 Abs. 4 BGB Zeitlich längere Einschränkung/Ausschluss des Umgangsrechts § 1761 Abs. 2 BGB Aufhebung des Adoptionsverhältnisses § 42 Abs. 1 SGB VIII Inobhutnahme

3 Der psychologisch-diagnostische Prozess in familienrechtlichen Verfahren

Prämissen des psychologisch-diagnostischen Vorgehens

Das psychologisch-diagnostische Vorgehen in familienrechtlichen Verfahren folgt zwei Prämissen: Zum einen orientiert es sich am Ablauf einer empirisch-wissenschaftlichen Untersuchung und zum anderen erfolgt es *multimethodal* (d.h. mehrere Arten von Verfahren kommen zum Einsatz, vgl. Schmidt-Atzert & Amelang, 2018). Ein hohes Maß an Strukturierung des gutachterlichen Vorgehens mit Blick auf die Einschätzungsaufgabe stellt hierbei eine Schlüsselgröße dar, um ungenügend begründete, unreliable und falsche Einschätzungen zu vermeiden (vgl. Kindler, 2006; Manley & Chavez, 2008; Oberlander Condie, 2003; Salzgeber, 2015; Westhoff & Kluck, 2014).

3.1 Überblick des psychologisch-diagnostischen Prozesses

Ablauf des diagnostischen Prozesses

Der allgemeine Ablauf des diagnostischen Prozesses ist in Abbildung 3 dargestellt, wobei es im Einzelfall zu Abweichungen bzw. Anpassungen kommen kann (vgl. Kindler, 2006; Salzgeber, 2015; Westhoff & Kluck, 2014).

Aktenanalyse und Hypothesengenerierung

Grundsätzlich beginnt die familienrechtspsychologische Begutachtung mit der *Analyse der Vorinformationen* auf Basis der richterlichen Fragestellung und des Akteninhaltes. In einem wissenschaftlichen Untersuchungsprozess würde dies der Aufarbeitung des Forschungsstandes entsprechen. Im Anschluss werden (analog zur Hypothesengenerierung im Forschungsprozess) psychologisch-diagnostische Fragen formuliert, die konkret untersuchbar, auf den Einzelfall bezogen und aus der Analyse der Vorinformationen abgeleitet sein müssen. Die hier implizierten Annahmen (Hypothesen) müssen im wissenschaftstheoretischen Verständnis falsifizierbar sein, was bedeutet, sie müssen, sofern sie unzutreffend sind, an der Erfahrung scheitern können (vgl. Popper, 1989). Das heißt, es müssen Ereignisse denkbar sein, die den implizierten Annahmen widersprechen, alternative Überlegungen müssen berücksichtigt werden. Konkret bedeutet dies, dass Sachverständige in ihrem diagnostischen Grundverständnis nicht der Prämisse folgen, ihre Annahme verifizierende Einzelereignisse zu erheben. Grundsätzlich werden, von der

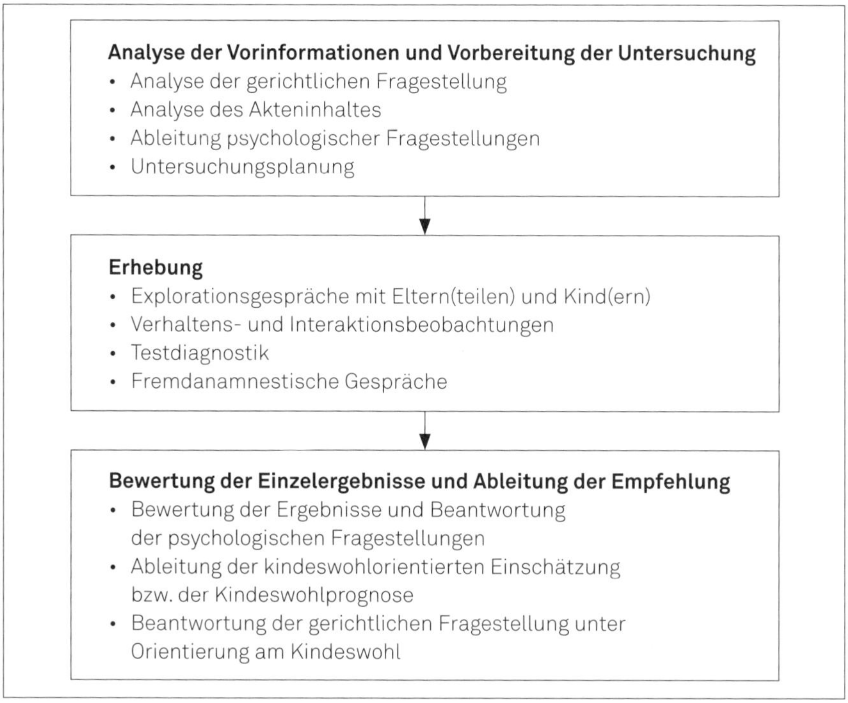

Analyse der Vorinformationen und Vorbereitung der Untersuchung
- Analyse der gerichtlichen Fragestellung
- Analyse des Akteninhaltes
- Ableitung psychologischer Fragestellungen
- Untersuchungsplanung

Erhebung
- Explorationsgespräche mit Eltern(teilen) und Kind(ern)
- Verhaltens- und Interaktionsbeobachtungen
- Testdiagnostik
- Fremdanamnestische Gespräche

Bewertung der Einzelergebnisse und Ableitung der Empfehlung
- Bewertung der Ergebnisse und Beantwortung der psychologischen Fragestellungen
- Ableitung der kindeswohlorientierten Einschätzung bzw. der Kindeswohlprognose
- Beantwortung der gerichtlichen Fragestellung unter Orientierung am Kindeswohl

Abbildung 3: Ablauf und Bausteine der familienrechtspsychologischen Diagnostik

Bestvariante das Kindeswohl betreffend bzw. von bestehender Erziehungsfähigkeit ausgehend, gegebenenfalls falsifizierende Ereignisse erfasst (vgl. Gould, Dale, Fisher & Gould, 2016).

Die Notwendigkeit, eine Aktenanalyse in das psychologische Gutachten aufzunehmen, wird – genau wie die Notwendigkeit, psychologische Fragen aufzustellen – durchaus unterschiedlich diskutiert bzw. gehandhabt und von den Gerichten sogar teilweise als unökonomisch abgelehnt. Aus Sicht der Autor_innen dieses Bandes ist eine systematische Aktenanalyse mit daraus abgeleiteten Arbeitshypothesen unverzichtbar, um die Validität des gutachterlichen Vorgehens zu gewährleisten und damit wissenschaftlichen Ansprüchen zu genügen (mehr dazu siehe Abschnitt 3.2). Die Darlegung der systematischen Aktenanalyse sowie der daraus abgeleiteten Arbeitshypothesen im Gutachten sind aus Gründen der Transparenz und Nachvollziehbarkeit eines Gutachtens ebenfalls unabdingbar.

Notwendigkeit der Aktenanalyse und der Generierung psychologischer Fragestellungen

Den zweiten Block im Begutachtungsablauf stellt die eigentliche diagnostische *Erhebungsphase* dar. Der dafür zuvor entwickelte Untersuchungsplan wird – je nach Fallkonstellation – aus dem Spektrum zur Verfügung stehender psychologisch-diagnostischer Verfahren (siehe Kapitel 4) entwickelt.

Diagnostische Erhebungsphase

Integration der Ergebnisse und Ableitung einer Empfehlung

In einem letzten Schritt erfolgt die Integration der Ergebnisse und die *Ableitung einer gutachterlichen Empfehlung*: Die anhand der einzelnen Methoden gewonnenen Erkenntnisse werden den rechtspsychologischen Konstrukten zugeordnet (z. B. den Kindeswohl- oder den Sorgerechtskriterien; siehe Kapitel 2) und hierbei einzelfallbezogen bewertet und anschließend gewichtet. Die psychologischen Fragen werden an dieser Stelle beantwortet. In einem letzten Schritt wird die kindeswohlorientierte Einschätzung hergeleitet, was in der Beantwortung der gerichtlichen Fragestellung(en) mündet (zu diesem Vorgehen vgl. z. B. Dettenborn & Walter, 2016; Drozd, Saini & Olesen, 2016; Manley & Chavez, 2008; Oberlander Condie, 2003; Salzgeber, 2015; Westhoff & Kluck, 2014; sowie die Verweise auf die nationalen und internationalen Richtlinien zur Gutachtenerstellung im Familienrecht in Kapitel 6).

3.2 Konstruktspezifikationen und Überführung juristischer Fragen in psychologisch-diagnostische Fragestellungen

Einzelfallbezogene Formulierung psychologischer Fragestellungen

Die Überführung juristischer Fragen, die sich im gerichtlichen Beweisbeschluss zur Auftragserteilung finden, in spezifische psychologisch-diagnostische Fragestellungen muss im Sinne eines empirisch-wissenschaftlichen Vorgehens strikt *einzelfallbezogen* erfolgen. Die entgegenstehende Annahme, die psychologischen Fragen seien für eine familienrechtspsychologische Begutachtung einheitlich zu formulieren und unabhängig vom Einzelfall, enthält demgegenüber eine Reihe von Missverständnissen, die der Betrachtung eines Gutachtens als wissenschaftliche Arbeit entgegenstehen. Zwar gibt es sicherlich Überschneidungen zwischen verschiedenen Fällen hinsichtlich der zu stellenden psychologischen Fragen. Von Gutachten zu Gutachten übernommene Standardformulierungen sollten jedoch vermieden werden. Spezifische fallbezogene Vorinformationen sollten immer berücksichtigt werden. Grundsätzlich empfiehlt es sich, der Ableitung psychologischer Fragen die Definition des Kindeswohls zugrunde zu legen und zwischen kindzentrierten und elternzentrierten Kindeswohlaspekten zu unterscheiden (vgl. Kindler, 2006 und Kapitel 2).

Schwelle zur Kindeswohlgefährdung

Darüber hinaus muss die juristische Fallkonstellation berücksichtigt werden, die übergeordnete Fragestellungen vorgibt: In Verfahren zum Entzug elterlicher Sorge nach § 1666 BGB stellt sich die Frage, ob bei einer Gegenüberstellung kindlicher Auffälligkeiten und Ressourcen mit elterlichen Einschränkungen und Kompetenzen die Schwelle zur Kindeswohlgefährdung überschritten wird. Hieran schließt sich die Frage an, durch welche Hilfemaßnahmen dies ggf. verhindert werden kann. Gemeint ist, ob die Lebensbedingungen durch das elterliche Versorgungs- und Erziehungsverhalten die Befriedigung der kindlichen Bedürfnisse so weit verhindern, dass die sozialen und altersgemäßen Durchschnittserwartungen an die körperliche, seelische und geistige Entwicklung nicht erfüllt werden. Nach Werner (2006) bestehen drei basale kindliche Bedürfnisse, die auch als *Grundbedürfnisse* bezeichnet werden (vgl. dazu auch Brazelton & Greenspan, 2008; Maslow, 1943):

Kindliche Grundbedürfnisse

- das *Bedürfnis nach Existenz* (d.h. Bedürfnis nach körperlicher Unversehrtheit und Gesundheit, Sicherheit und Versorgung, Schutz vor Gefahren sowie materieller, sexueller und emotionaler Ausbeutung, Bedürfnis nach angemessener Ernährung und Körperpflege, angemessenem Wach- und Ruherhythmus, Bedürfnis nach Regulation etc.);
- das *Bedürfnis nach sozialer Bindung und Verbundenheit* (d.h. Bedürfnis nach mindestens einer beständigen und liebevollen Beziehung, die sich durch Nähe, Empathie, Verbundenheit, Verlässlichkeit und Akzeptanz auszeichnet, Bedürfnis nach sicheren Bindungen);
- das *Bedürfnis nach Wachstum* (d.h. die Umsetzung kognitiver, emotionaler und sozialer Anregungen als Voraussetzung von geistiger und körperlicher Entwicklung, Bedürfnis nach entwicklungsgerechten und individuellen Erfahrungen, Wissen und Bildung).

Darüber hinaus werden die folgenden weiteren Bedürfnisse für das Wohl von Kindern in der (rechts-)psychologischen Literatur genannt (vgl. u.a. Brazelton & Greenspan, 2008; Maslow, 1943).
- das Bedürfnis nach Selbstbestimmung und Autonomie (in diesem Kontext ist der Kindeswille zu beachten);
- das Bedürfnis nach Grenzen und Strukturen (Bedürfnis nach Orientierung);
- das Bedürfnis nach stabilen, unterstützenden Gemeinschaften und kultureller Kontinuität (Bedürfnis der Zugehörigkeit);
- das Bedürfnis nach einer sicheren Zukunft;
- das Bedürfnis nach Anerkennung.

Grundsätzlich ist zu beachten, dass die Betrachtung kindlicher Bedürfnisse im Hinblick darauf, welche Bedürfnisse als dominant anzusehen sind, stets in Abhängigkeit vom Alter des Kindes zu bewerten ist. Um eine positive Persönlichkeitsentwicklung aus kindeswohlorientierter Sicht zu ermöglichen, ist eine Grundsicherung der kindlichen Entwicklungsbedürfnisse durch die Bezugspersonen zu gewährleisten. Die Befriedigung der kindlichen Entwicklungsbedürfnisse steht dabei im engen Zusammenhang mit den elterlichen Kompetenzen und der jeweiligen *Erziehungsfähigkeit* der Bezugspersonen.

Erziehungs- Erziehung ist u. a. definiert als gerichtetes interaktives Einwirken auf ein Kind
fähigkeit mit dem Ziel, eine dauerhafte Förderung der psychischen Entwicklung sowie
der psychischen Dispositionen zu bewirken (Fuhrer, 2009). Erziehungsfähigkeit bedeutet nach Dettenborn und Walter (2016), an den Bedürfnissen und Fähigkeiten eines Kindes orientierte Erziehungsziele und Erziehungseinstellungen auf der Grundlage angemessener Erziehungskenntnisse auszubilden und unter Einsatz ausreichender persönlicher Kompetenzen in der Interaktion mit dem Kind in kindeswohldienliches Erziehungsverhalten umsetzen zu können. Pawils und Metzner (2014, S. 288) definieren die Erziehungsfähigkeit als die „multidimensionale Fähigkeit von Eltern, Verantwortung für Kinder zu übernehmen und Kinder zu erziehen". Steinhauer (1983) fasst sich noch knapper und beschreibt Erziehungsfähigkeit als die elterliche Fähigkeit, die grundlegenden Entwicklungsbedürfnisse des Kindes zu erfüllen.

Die Erziehungsfähigkeit ist kontinuierlich ausgeprägt, d. h., es besteht ein Kontinuum von optimaler Erziehungsfähigkeit bis hin zu völliger Erziehungsunfähigkeit (siehe Abbildung 4). Erziehungsverhalten, als Ausdruck der Erziehungsfähigkeit, ist dabei umso dienlicher, je deutlicher es die kindlichen Grundbedürfnisse berücksichtigt, sich darüber hinaus aber auch an den kon-
Erziehungs- kreten Bedürfnissen und Fähigkeiten des einzelnen Kindes orientiert. In Ver-
unfähigkeit fahren zum Entzug elterlicher Sorge nach § 1666 BGB ist die Grenze einer noch ausreichenden Erziehungsfähigkeit jeweils individuell und fallspezifisch zu bestimmen. Entscheidend ist die Passung zwischen Fähigkeiten des Erziehenden und Bedürfnissen des Kindes (Dettenborn & Walter, 2016). Letztlich ist somit nicht zu klären, ob die Eltern erziehungsfähig, sondern vielmehr ob die Eltern erziehungs*un*fähig sind. Im Kontext des § 1666 BGB wird der Begriff der Erziehungsfähigkeit als eine Art Komplementärbegriff verwendet, sodass aus einer erheblichen Einschränkung der elterlichen Erziehungsfähigkeit auf eine Kindeswohlgefährdung geschlossen wird (Schwabe-Höllein & Kindler, 2006).

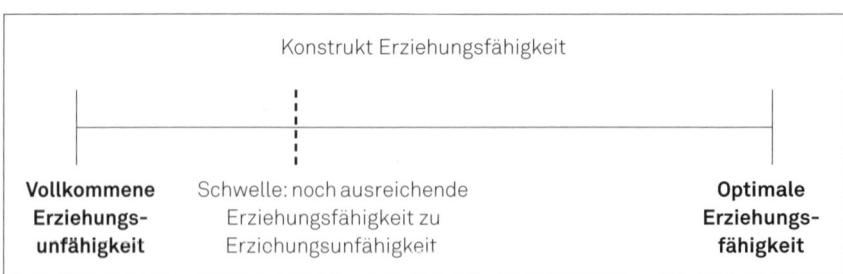

Abbildung 4: Dimensionalität des Konstrukts Erziehungsfähigkeit

Wird ein funktionaler Ansatz der Beschreibung von Erziehungsfähigkeit gewählt, so schlägt Kindler (2006) vor, die folgenden Bereiche der Erziehungsfähigkeit zu unterscheiden:

- Fähigkeit, Bedürfnisse des Kindes nach körperlicher Versorgung und Schutz zu erfüllen;
- Fähigkeit, dem Kind als stabile und positive Vertrauensperson zu dienen;
- Fähigkeit, dem Kind ein Mindestmaß an Regeln und Werten zu vermitteln;
- Fähigkeit, einem Kind grundlegende Lernchancen zu eröffnen.

In Kasten 1 wird anhand eines Fallbeispiels aus einem *Kinderschutzverfahren* demonstriert, wie diese Grundgedanken auf Basis systematisch aufgearbeiteter Akteninformationen unter Berücksichtigung der Kindeswohlkriterien in konkrete, überprüfbare psychologisch-diagnostische Fragen für den Einzelfall überführt werden können. Berücksichtigt werden hierbei konkrete Entwicklungsanforderungen, Alter und Lebensort des Kindes sowie mütterliche Risikofaktoren (beispielsweise eine bereits diagnostizierte psychische Störung der Mutter). In dem vorliegenden Fall geht es um eine mögliche Rückkehr eines in einer Pflegefamilie lebenden Jungen in den Haushalt der Kindesmutter, abhängig von einer psychologisch-prognostischen Einschätzung der Erziehungsfähigkeit der Kindesmutter. Der Überführungsschritt der allgemein formulierten Fragestellungen in fallspezifische Fragestellungen dient der Herausarbeitung fallspezifischer Besonderheiten, der systematischen und spezifizierten Aufstellung von Prüfkriterien und bereitet die Untersuchungsplanung vor.

Psychologisch-diagnostische Fragen in Kinderschutzverfahren

Im Unterschied zu Kinderschutzverfahren stellt sich in Verfahren zur *Verteilung der elterlichen Sorge* die Frage, welche Regelung dem Kindeswohl am besten dient. Aus psychologisch-diagnostischer Perspektive mündet dies z. B. in die Frage nach einer besseren Passung der kindlichen Entwicklungserfordernisse (inkl. individueller Auffälligkeiten und Ressourcen) mit dem Erziehungsverhalten des jeweiligen Elternteils sowie der äußeren Versorgungsmöglichkeit (inkl. Kontinuitätsaspekte). Auch dieser Grundgedanke sollte in konkrete, überprüfbare psychologisch-diagnostische Fragen überführt werden, wobei sich hier eine Orientierung an den Sorgerechtskriterien empfiehlt (auf Elternebene: Erziehungsfähigkeit, Kooperations- und Kommunikationsfähigkeit und -bereitschaft und Bindungstoleranz; auf Ebene des Kindes: Beziehung und Bindung des Kindes zu Bezugspersonen, Kindeswille und Kontinuitätsprinzip; vgl. Tabelle 2 und Dettenborn & Walter, 2016).

Psychologisch-diagnostische Fragen in Sorgerechtsverfahren

Es ist hervorzuheben, dass die Prüfung der Erziehungsfähigkeit im Rahmen von Sorge- und Umgangsrechtsverfahren jedoch eine grundsätzlich andere Gewichtung und Ausrichtung erhält als in Kinderschutzverfahren. Die Erziehungsfähigkeit stellt zwar auch ein Sorgerechtskriterium dar, hat aber – sofern bei Elternteilen keine Hinweise auf Erziehungsunfähigkeit vorliegen – neben den weiteren Sorgerechtskriterien ein geringeres Gewicht als in Kinderschutzverfahren.

Kasten 1: Ableitung psychologischer Fragestellungen am Fallbeispiel (Kim, 3 Jahre, lebt bei Pflegeeltern, Verfahren zum Entzug elterlicher Sorge)

Gerichtliche Fragestellungen: Ist die Kindesmutter dazu in der Lage, das Kind zu erziehen und es entsprechend seinen Bedürfnissen zu fördern? Können bei einer etwaigen eingeschränkten Erziehungsfähigkeit der Kindesmutter die Defizite durch Hilfemaßnahmen ausgeglichen bzw. vermindert werden, um eine etwaige Gefährdung des Kindeswohles abzuwenden und welche Hilfemaßnahmen sind ggf. zu ergreifen?

⇩

Allgemeine psychologische Fragestellungen auf Basis der zu prüfenden Kindeswohlkriterien

Übergeordnetes Prüfkriterium: Schädigung des Kindes
Sind bereits Schädigungen des Kindes aufgetreten oder bei Rückführung in den Haushalt der Kindesmutter mit hoher Wahrscheinlichkeit zu erwarten?

Kindzentrierte Kindeswohlaspekte

Personale Dispositionen sowie psychische und Verhaltensauffälligkeiten des Kindes
Wie ist die aktuelle psychische Situation des Kindes einzuschätzen? Bestehen Auffälligkeiten im Erleben, Verhalten oder der Entwicklung des Kindes?

Beziehungsmerkmale, Bindungsmerkmale
Von welcher Qualität sind die Beziehung und die Bindung des Kindes zu der Kindesmutter? Gibt es weitere wichtige Beziehungs- und Bindungspersonen?

Aussage und Wille des Kindes
Lässt sich eine kindliche Willenshaltung hinsichtlich der Lebensortfrage identifizieren? Falls ja, wie ist der Wille rechtspsychologisch zu beurteilen?

Kontinuitätsaspekte
Wie ist die Qualität einer Aufrechterhaltung oder eines Bruchs der Kontinuität im Leben des Kindes zu bewerten?

Elternzentrierte Kindeswohlaspekte

Personale Dispositionen und elterliche Erziehungsfähigkeit
Wie ist die Erziehungsfähigkeit der Mutter zu beurteilen?

Kooperations- und Kommunikationsfähigkeit
Wie ist die Fähigkeit und Bereitschaft zu Kooperation und Kommunikation in Bezug auf verfügbare Hilfemaßnahmen einzuschätzen?

Veränderungsbereitschaft
Ist die Kindesmutter dazu fähig und bereit, die Entwicklungssituation und -erfordernisse des Kindes zu erkennen und zu reflektieren? Wie sind die Lern- und Veränderungsfähigkeit und -bereitschaft der Kindesmutter durch Hilfemaßnahmen einzuschätzen?

Fallspezifische psychologische Fragestellungen vor dem Hintergrund der Aktenanalyse (Beispiel am exemplarischen Auszug)

Beziehungsmerkmale, Bindungsmerkmale

Akteninformation: Kim lebt seit einem Alter von 4 Monaten in einer Pflegefamilie, es gab über den Zeitraum unregelmäßige Umgangskontakte mit der Kindesmutter.

Kim lebte in einem Alter, welches aus entwicklungspsychologischer Sicht für die Bindungsentwicklung wesentlich ist, bereits in einer Pflegefamilie (vgl. Grossmann & Grossmann, 2012). Insofern ist nicht zu erwarten, dass Kim eine Bindung an die Kindesmutter überhaupt entwickeln konnte. Daher kann nicht beobachtbares Bindungsverhalten an die Kindesmutter zuungunsten der Kindesmutter gewertet werden. In Bezug auf die Kindesmutter kann die Beziehungsqualität geprüft werden, die möglicherweise im Rahmen der Umgangskontakte aufrechterhalten werden konnte. Folglich könnte die fallspezifische Konkretisierung der Fragestellungen lauten:

→ Von welcher Qualität ist die Beziehung Kims zu der Kindesmutter? Von welcher Qualität sind die Beziehung und die Bindung Kims zu seinen alltäglichen Hauptbezugspersonen (Pflegeeltern)? Mit welchen Folgen wäre ein möglicher Bindungsabbruch zu den Pflegeeltern durch eine Rückführung in den Haushalt der Kindesmutter möglicherweise verbunden? Bestehen Auffälligkeiten in Kims Bindungs- und Beziehungsverhalten, aus denen besondere Anforderungen an die Erziehungsfähigkeit seiner Hauptbezugsperson folgen?

Personale Dispositionen und elterliche Erziehungsfähigkeit

Akteninformation: Im Rahmen eines Klinikaufenthaltes wurde bei der Kindesmutter ca. 6 Monate vor Begutachtungsbeginn eine „schwere depressive Episode ohne psychotische Symptome" (F 32.2) diagnostiziert.

Depressive Symptome können das elterliche Erziehungsverhalten in besonderem Maße beeinflussen, z.B. durch einen Mangel an Empathie oder Gefühllosigkeit, Angst bei der Versorgung des Kindes, Einschränkung der Feinfühligkeit und Reaktion auf Bindungsverhalten des Kindes (vgl. Lenz, 2014). Insofern könnte die fallspezifische Konkretisierung der Fragestellung lauten:

→ Wie ist die Erziehungsfähigkeit der Mutter zu beurteilen? Sind in der Erziehungsfähigkeit der Kindesmutter gegenwärtig aufgrund depressiver Symptome oder aufgrund von weiteren psychischen Auffälligkeiten Defizite zu erkennen?

In *umgangsrechtlichen Verfahren* stellt sich die übergeordnete Frage, ob eine Einschränkung des Umgangs zum Wohl des Kindes erforderlich ist, bzw. ob die Gewährung von Umgangsrecht eine Kindeswohlgefährdung bedeutet. Dies führt zu der psychologisch-diagnostischen Frage, ob bei einer Gegenüberstellung kindlicher Auffälligkeiten und Ressourcen mit umgangsrelevanten elterlichen Einschränkungen und Kompetenzen oder äußeren Umständen (z. B. Inhaftierung eines umgangssuchenden Elternteils) die Schwelle zur Kindeswohlgefährdung überschritten wird und durch welche Hilfemaßnahmen dies ggf. verhindert werden kann. Die oft speziellen Umstände, die zur Verfahrensentstehung in Umgangsfragen beitragen, erschweren eine Festlegung allgemeingültiger Kriterien für eine Einschränkung oder einen Ausschluss des Umgangs. Die allgemeine Erziehungsfähigkeit eignet sich hier nicht als Maßstab, da die Mindestanforderungen, die an das Verhalten und die Haltung eines Umgangssuchenden gegenüber dem Kind gestellt werden, mitunter niedriger liegen als jene, die an eine Bezugsperson zu stellen sind, die das Kind umfassend erziehen und versorgen soll (Dettenborn & Walter, 2016). Dettenborn und Walter (2016, S. 258) definieren „Umgangsfähigkeit" als „die Bereitschaft und Fähigkeit eines Elternteils, bei den Umgangskontakten die Bedürfnisse und Fähigkeiten eines Kindes zu erkennen, diese in angemessener Weise zu berücksichtigen und den Kontaktverlauf auf kindeswohldienliche Weise zu gestalten". Als Kriterien werden genannt: Betreuung, Versorgung und Schutz des Kindes sowie die Gewährleistung eines Mindestmaßes an Verhaltensorientierung, Fähigkeit zur Trennung von Eltern- und Paarebene sowie die Vermeidung jedweder Manipulation des Kindes bzw. dessen Beeinflussung gegen den anderen Elternteil. Der Kindeswille muss in Umgangsfragen besonders beleuchtet und in Relation zum Kindeswohl gesetzt werden.

Psychologisch-diagnostische Fragen in umgangsrechtlichen Verfahren

Grundsätzlich ist festzuhalten, dass in allen Fallkonstellationen das fragestellungsgeleitete Vorgehen immer auch eine Konkretisierung der wesentlichen psychologischen Aspekte während des Begutachtungsverlaufs beinhaltet, sodass während des Begutachtungsprozesses hinzukommende oder wegfallende psychologische Fragestellungen eine Regelmäßigkeit darstellen.

3.3 Erstellung des einzelfallbezogenen Untersuchungsplans auf Basis der psychologischen Fragestellungen

Analog zum empirisch-wissenschaftlichen Vorgehen müssen in einem nächsten Schritt die konkreten Untersuchungsmethoden festgelegt werden, anhand derer die psychologischen Fragen systematisch beantwortet werden

Einzelfallbezogene Auswahl der Untersuchungsmethoden

können. Da sich aus der gerichtlichen Fragestellung in aller Regel mehr als eine psychologische Frage ergibt, erschließt sich bereits daraus die Notwendigkeit des multimethodalen Vorgehens (vgl. Schmidt-Atzert & Amelang, 2018). Darüber hinaus ist ein multimethodales Vorgehen auch notwendig, um die Grenzen und Messfehler einzelner Verfahren kompensieren zu können. Kombiniert man die Idee, verschiedene Eigenschaften zu erfassen, mit der Forderung, dabei mehrere Methoden einzusetzen, resultiert daraus die sog. *Multitrait-Multimethod-Analyse* (vgl. Campbell & Fiske, 1959; Schmidt-Atzert & Amelang, 2018). Die wichtigsten, vor dem Hintergrund des aktuellen Kenntnisstandes zur Verfügung stehenden Instrumente und ihr Einsatz in der familienrechtspsychologischen Begutachtung werden jeweils für sich genommen in Kapitel 4 erläutert. Darunter fallen grundsätzlich:

- Explorationsgespräche mit Elternteilen und Kind(ern)
- Verhaltensbeobachtung von Elternteilen und Kindern auf Individualebene
- Interaktionsbeobachtungen des Kindes im Zusammensein mit den Elternteilen (Verfahren zur Beziehungsdiagnostik)
- Verfahren zur Bindungsdiagnostik
- Testdiagnostische Verfahren sowie Fragebogen- und Screeningverfahren mit Elternteilen und Kind(ern)
- Befragung von Fachkräften (Fremdanamnese) und ggf. Explorationsgespräche mit weiteren Familienangehörigen

Systematische Untersuchungsplanung

Zur Aufstellung eines systematischen Untersuchungsplans ist es eine notwendige Kompetenzanforderung an psychologische Sachverständige, sowohl den Überblick über die verfügbare Verfahrensbandbreite als auch die einzelnen Verfahren für sich genommen in ihrer Anwendbarkeit und in ihren Grenzen zu kennen und zu beherrschen. In Bezug auf die Erstellung des einzelfallbezogenen Untersuchungsplans ist, analog zur Ableitung der psychologischen Fragestellungen, von einem standardmäßigen, programmhaften Vorgehen abzusehen. Der Einsatz jedes Verfahrens muss im Einzelfall begründbar sein und sich einer – vorher aufgestellten – psychologisch-diagnostischen Frage zuordnen lassen, um einem wissenschaftlich-hypothesenorientierten Vorgehen zu entsprechen. Hierbei sollte das sog. „Verhältnismäßigkeitsgebot" nicht überschritten werden:

> **Verhältnismäßigkeitsgebot**
>
> Die Beachtung der Intim- und Privatsphäre verpflichtet die oder den Sachverständige(n) zu einer besonderen Verantwortung bei der Erhebung psychologisch-diagnostischer Daten und zu einer kritischen Überprüfung ihrer Weitergabe. Es muss stets bestimmt werden, inwieweit diese Information tatsächlich für die konkrete Fragestellung und Empfehlung relevant ist. Eine Erhebung überflüssiger Daten darf nicht erfolgen (Salzgeber, 2015).

Ein Beispiel für die Aufstellung eines einzelfallbezogenen Untersuchungsplans wird in Kasten 2 präsentiert, wobei das in Kasten 1 eingeführte Fallbeispiel, anhand dessen die Ableitung psychologischer Fragen demonstriert wurde (Kim, 3 Jahre, lebt bei Pflegeeltern, Verfahren zum Entzug elterlicher Sorge; vgl. Abschnitt 3.2), aufgegriffen wird. Den zu prüfenden Kindeswohlkriterien werden im Sinne des Multitrait-Multimethod-Ansatzes die einzelnen Erhebungsinstrumente zugeordnet. Hierbei kann ein Erhebungsinstrument auch zu mehreren Eigenschaften Daten liefern, beziehungsweise eine Eigenschaft kann durch mehrere Methoden untersucht werden. Die einzelfallbezogenen psychologischen Fragen sollten den Leitfaden bei der Auswahl der spezifischen Untersuchungsmethoden bilden. Zudem sind die durch Schmidt-Atzert und Amelang (2018) zur Auswahl diagnostischer Verfahren vorgeschlagenen Leitfragen zu berücksichtigen, die auch die/der familienrechtspsychologische Sachverständige im Rahmen der Untersuchungsplanung für jedes Verfahren beantworten sollte:

- Ist das Verfahren zur Beantwortung der Fragestellung geeignet?
- Ist das Verfahren für die zu untersuchende Person angemessen?
- Ist das Verfahren für Personen dieses Alters, dieses Geschlechts, dieser Bildung (dieser kulturellen Zugehörigkeit) geeignet?
- Liegt eine Lernbehinderung oder eine andere Einschränkung vor, die Testdurchführung und/oder Testergebnis möglicherweise beeinflusst?
- Hat die Person das Verfahren schon einmal durchgeführt (mögliche Testerfahrung)?
- Besteht die Gefahr, dass die Person das Verfahren verfälscht?

Leitfragen zur Auswahl diagnostischer Verfahren

Ein Blick in die internationale wissenschaftliche Literatur zeigt, dass der Einsatz diagnostischer Verfahren in der familienrechtlichen Begutachtung nach wie vor heterogen ist (Pawils & Metzner, 2014; Zumbach & Koglin, 2015; Zumbach, 2017). In einer systematischen Literaturrecherche (Zumbach & Koglin, 2015) zeigte sich, dass studienübergreifend ein erweiterter Einsatz diagnostischer und methodischer Ansätze in der familienrechtspsychologischen Begutachtung berichtet wurde, hinsichtlich der verwendeten Verfahren jedoch nach wie vor eine große Heterogenität vorliegt. Insgesamt weisen die Ergebnisse darauf hin, dass im Rahmen des Begutachtungsprozesses in der Praxis eher weniger Gewicht auf psychometrische Testverfahren im Vergleich zu Verhaltensbeobachtungen und Explorationsgesprächen gelegt wird. Unter psychometrischen Testverfahren, die für *Eltern* zum Einsatz kamen, fand sich eine große Bandbreite an Verfahren: Persönlichkeitstests, Verfahren zur Erhebung des Erziehungsstils und des Elternverhaltens, projektive Persönlichkeitsverfahren, Screeningverfahren zum kindlichen (Problem-)Verhalten und Intelligenztests. Bei den *Kindern* kamen projektive Persönlichkeitstests, Ratingverfahren zum Elternverhalten, Persönlichkeitstests, Intelligenztests und Entwicklungs- und Aufmerksamkeitstests bzw. Leistungstests zum Einsatz.

Heterogener Einsatz diagnostischer Verfahren

Kasten 2: Aufstellung des Untersuchungsplans am Fallbeispiel (Kim, 3 Jahre, lebt bei Pflegeeltern, Verfahren zum Entzug elterlicher Sorge)

	Leitfadengestützte Explorationsgespräche	Verhaltensbeobachtung			Psychometrische Testverfahren			Fremdanamnese			
	Mit der Mutter	Des Kindes auf Individualebene	Der Interaktion des Kindes mit der Kindesmutter	Der Interaktion des Kindes mit den Pflegeeltern	Entwicklungstest (ET 6-6-R) mit dem Kind	Eltern-Belastungs-Inventar (EBI) mit der Kindesmutter	Beck Depressions-Inventar (BDI) mit der Kindesmutter	Leitfadengestütztes Explorationsgespräch mit Pflegeeltern	Fremdanamnestisches Gespräch mit der Case-Managerin des Jugendamtes	Bericht der Umgangsbegleitung zu Umgangskontakten mit Kindesmutter	Entwicklungsberichte der interdisziplinären Frühförderungsstelle
Übergeordnetes Prüfkriterium: Schädigung des Kindes	X	X			X		X	X	X	X	X
Personale Dispositionen sowie psychische und Verhaltensauffälligkeiten des Kindes		X			X						X
Beziehungs- und Bindungsmerkmale des Kindes	X		X	X							
Aussage und Wille des Kindes			X	X							
Kontinuitätsaspekte	X		X					X	X		X
Personale Dispositionen und Erziehungsfähigkeit der Mutter	X	X				X	X				
Psychische und Verhaltensauffälligkeiten der Mutter	X						X				
Kooperations- und Kommunikationsfähigkeit der Mutter	X							X	X	X	X
Veränderungsbereitschaft der Mutter	X								X	X	X

Für die Diagnostik in der familienrechtlichen psychologischen Begutachtung gilt grundsätzlich: Im Rahmen der Begutachtung werden in aller Regel zukunftsbezogene *Wahrscheinlichkeitsaussagen* in Referenz auf das Kindeswohl getroffen. Kindeswohlprognosen sind Verhaltensprognosen über zukünftiges Verhalten (und Erleben) von Kindern und deren Erziehungspersonen. Wie bei allen Prognosen zukünftigen Verhaltens lassen sich auch Kindeswohlprognosen nicht mit Sicherheit treffen, was bedeutet, dass es kein Diagnostikum, keinen psychologischen Test oder keine Testbatterie geben kann, die eine Prognose ohne beinhaltete Irrtumswahrscheinlichkeit ermöglicht. Es geht, wie auch in der Kriminalprognose (vgl. Volbert & Dahle, 2010), um die bestmöglich wissenschaftlich begründete Einschätzung der Wahrscheinlichkeit zukünftiger Handlungsentscheidungen und Verhaltensweisen aus familienrechtspsychologischer Perspektive. Es ist festzustellen, dass eigens für die familienrechtspsychologische Begutachtung bislang nur wenige strukturierte und wissenschaftlich geprüfte Erfassungs- und/oder Prognoseinstrumente vorliegen. Dies bezieht sich sowohl auf einzelne familienrechtspsychologische Prüfkonstrukte für sich genommen, die in den Kindeswohl-, Sorgerechts- bzw. umgangsrelevanten Kriterien enthalten sind (z. B. Erziehungsfähigkeit, Kindeswille), als auch auf die übergeordneten Verfahren zur Prognoseerstellung (vgl. Zumbach, 2017; mehr dazu siehe Abschnitt 5.3.4).

Wahrscheinlichkeitsaussagen in der familienrechtlichen psychologischen Begutachtung

4 Zentrale diagnostische Bausteine in der familienrechtlichen Begutachtung

Auswahl geeigneter diagnostischer Verfahren

Eine der wesentlichen Aufgaben der psychologischen Diagnostik besteht darin, Merkmalsausprägungen von Menschen zu erfassen (Petermann & Eid, 2006). Worin zeichnen sich die besten Verfahren zur Erfassung eines Merkmals aus? Wie kann die Diagnostikerin oder der Diagnostiker feststellen, dass sie oder er bei der Auswahl des Verfahrens keinen Fehler begangen hat? Um dies zu gewährleisten, muss u. a. geprüft werden, ob das Verfahren die Gütekriterien erfüllt, die sich in Wissenschaft und Praxis bewährt haben. Dies bedeutet, das Verfahren muss das zu untersuchende Konstrukt auch tatsächlich erfassen (Validität), es muss das Merkmal zuverlässig erfassen (Reliabilität) und es muss das Merkmal testleiterunabhängig erfassen (Objektivität). Psychologische Sachverständige werden diagnostische Instrumente in aller Regel nicht selbst erstellen. Ihre Aufgabe ist es, mithilfe ihrer Expertise und ihrer wissenschaftlichen Ausbildung, die sie in der Konstruktion und Bewertung psychologischer Erhebungsverfahren erhalten haben, adäquate Verfahren auf Basis ihrer Untersuchungsplanung auszuwählen (vgl. Eid & Schmidt, 2014).

Die meisten Verfahren, die im Rahmen der Begutachtung eingesetzt werden, sollten nur nach intensiver Einarbeitung durchgeführt werden (dies trifft v. a. auf diagnostische Interviews, systematische Verhaltensbeobachtungen und Verhaltensbeurteilungen sowie Testverfahren wie z. B. Intelligenz- und Entwicklungstests zu). Ethische Richtlinien sind im Rahmen der diagnostischen Untersuchungen selbstverständlich zu beachten (vgl. Schmidt-Atzert & Amelang, 2018; zu berufsethischen Aspekten siehe Kapitel 6). Im Rahmen der familienrechtspsychologischen Begutachtung gilt ferner das Prinzip der informierten Einwilligung:

> **Prinzip der informierten Einwilligung**
>
> Die Teilnahme an der psychologischen Begutachtung ist grundsätzlich freiwillig. Die zu begutachtenden Personen müssen vor Beginn der Untersuchung über die Freiwilligkeit, den Begutachtungsauftrag, die Stellung der Gutachterin bzw. des Gutachters im Verfahren, über Art und Umfang der geplanten diagnostischen Verfahren, den Ablauf der Begutachtung sowie über die schriftliche Darlegung der Ergebnisse und die Auskunftspflicht des Gutachters/der Gutachterin gegenüber dem Gericht informiert werden. Sie können dann entscheiden,

> ob sie sich der Untersuchung unterziehen oder nicht bzw. ob sie die Teilnahme an einem bestimmten Verfahren oder Untersuchungsbaustein verweigern (vgl. Salzgeber, 2015; Schmidt-Atzert & Amelang, 2018).

4.1 Diagnostische Interviews: Anamnese- und Explorationsgespräche

Die Durchführung und Auswertung von diagnostischen Interviews bzw. Explorationsgesprächen ist hoch komplex. Hier sind noch höhere fachliche Anforderungen zu stellen als an die Anwendung von Tests. Diagnostische Interviews umfassen alle Methoden, die zur Erhebung von diagnostisch relevanten Informationen mittels Gespräch verstanden werden. Spezifizieren lassen sich Anamnesegespräche, welche sich auf die Erkundung der Vorgeschichte beziehen, und Explorationsgespräche, die sich auf die Erkundung des subjektiven Lebensraums beziehen (Schmidt-Atzert & Amelang, 2018), wobei im Begutachtungskontext das Hauptaugenmerk auf Explorationsgesprächen liegt.

Durchführung und Auswertung von diagnostischen Interviews

4.1.1 Explorationsgespräche mit Elternteilen

Die Elternexplorationen sollten als *halbstandardisierte Interviews* durchgeführt werden. Mit dem Begriff „halbstandardisiert" ist gemeint, dass eine Standardisierung der Befragung angestrebt wird, von einer Festlegung auf exakte Wortlaute und Abfolgen von Fragen aber im Vergleich zum standardisierten Interview abgesehen wird. Vorlagen für halbstandardisierte Interviews bestehen in der Regel aus einer Liste von Themen mit stichpunktartig charakterisierten Fragen (Schmidt-Atzert & Amelang, 2018). Im Begutachtungskontext sollten sich die Explorationsgespräche somit auf einen fallspezifisch entwickelten Interviewleitfaden stützen. Dieser wird auf Basis der bisher durchgeführten Schritte (systematische Aktenanalyse, Definition psychologischer Prüfkriterien, daraus abgeleitete psychologisch-diagnostische Fragestellungen und fallspezifische Untersuchungsplanung) entwickelt. Der Einsatz von halbstandardisierten Interviewleitfäden ist wesentlich für die Strukturierung des gutachterlichen Vorgehens, was einerseits die Validität der Befragung, andererseits auch die Vergleichbarkeit der Explorationen erhöht.

Strukturierung von Explorationsgesprächen mit Eltern

Im halbstandardisierten Interviewleitfaden werden Inhalte in Themenblöcken spezifiziert, sodass einerseits sichergestellt werden kann, dass relevante Themenbereiche die definierten psychologischen Kriterien betreffend angesprochen werden. Andererseits besteht der Leitfaden auch aus offenen Anteilen,

Halbstandardisierter Interviewleitfaden

sodass auch Raum für narrative Passagen seitens der interviewten Person gelassen wird. Die Reihenfolge der Fragen kann dem Gesprächsverlauf angepasst werden, zusätzlich können auch Ad-hoc-Fragen generiert werden. Die Fragen werden in Anlehnung an die Begrifflichkeit der Teilnehmer_innen formuliert. Der Leitfaden dient als Anhaltspunkt und strukturierendes Element bei der Gesprächsführung, u. a. auch um während und nach dem Gesprächsverlauf abzuklären, ob alle relevanten Themen angesprochen wurden. Von zentraler Bedeutung für die Aufnahme von Fragen in den Interviewleitfaden ist immer der Bezug einer Frage zum psychologischen Prüfkriterium, also ihre theoretische Relevanz. Zur Erstellung von Interviewleitfäden sollte auch Bezug auf wissenschaftliche Kriterien zur Entwicklung von Interviewleitfäden genommen werden (vgl. hierzu z. B. Mayring, 2015).

In Kasten 3 wird ein Auszug eines *Explorationsleitfadens* für ein Explorationsgespräch mit einer Kindesmutter gezeigt, der sich auf einzelne Prüfkonstrukte im Rahmen der infrage stehenden Erziehungsfähigkeit der Kindesmutter bezieht. Es handelt sich um einen Fall bezüglich einer fraglichen Fremdplatzierung zweier Mädchen, die zum Begutachtungszeitpunkt bei ihren Eltern lebten. In Bezug auf eine ältere Schwester hatten sich Hinweise auf Erfahrungen sexueller Übergriffe durch den Kindesvater erhärtet, weshalb die ältere Schwester in einer Einrichtung lebte und das Sorgerecht für die ältere Schwester auf das Jugendamt übertragen worden war.

Explorationsgespräche bei Fragen nach Kindeswohlgefährdung

In Schütt und Zumbach (2019) findet sich ein Vorschlag für einen kriteriengeleiteten Interviewleitfaden für die Elternexploration in Kinderschutzverfahren, der sich an empirisch gestützten Risiko- und Schutzfaktoren orientiert und somit eine Ergänzung zu dem in Kasten 3 präsentierten Auszug darstellen kann. Es gilt auch an dieser Stelle, dass der Leitfaden für den Einzelfall spezifiziert werden muss, was sich sowohl auf die zu prüfenden Konstrukte als auch die einzelnen Fragen bezieht.

In Fällen von (drohender) Kindeswohlgefährdung sollte der Explorationsleitfaden eine detaillierte Exploration der Elternperspektive hinsichtlich der folgenden Aspekte beinhalten:
- möglicherweise in der Vergangenheit bereits aufgetretene Gefährdungsmomente;
- eigene Vorstellungen von kindeswohlgefährdendem Verhalten;
- eigene Ansichten zu Schutzfaktoren, Ressourcen oder Entlastungsmöglichkeiten;
- eigene Annahmen über die Auswirkungen elterlicher Verhaltensweisen auf das Kind;
- eigene Auffassungen zu den subjektiv schlimmsten Outcomes für das Kind.

Möglicherweise bietet es sich an, psychoedukative Elemente über den Kindeswohlgefährdungsbegriff in den Leitfaden aufzunehmen. So kann zum

Zentrale diagnostische Bausteine in der familienrechtlichen Begutachtung

Kasten 3: Entwicklung eines Explorationsleitfadens (Auszug) für ein Gespräch mit einer Kindesmutter am Fallbeispiel (Zwei Mädchen, Fiona und Katharina, leben bei Kindeseltern, Verfahren zum Entzug elterlicher Sorge, ältere Schwester lebt in Pflegestelle)

Gesprächseinstieg: Informierte Einwilligung

...

Vorstellung und Erwartung über Begutachtung

Was hat aus Ihrer Sicht zu der Begutachtung geführt? ...

Konfliktsicht und Reflexionsmöglichkeiten

Was hat aus Ihrer Sicht zu der Herausnahme der älteren Schwester geführt? Aktuell vorliegende Problematik?
Wie kam es aus Ihrer Perspektive zu dem Kinderschutzverfahren in Bezug auf die ältere Schwester?
Was ist Ihre Perspektive bezüglich der Missbrauchsvorwürfe?
Wie kam es aus Ihrer Perspektive zu dem Kinderschutzverfahren in Bezug auf Fiona und Katharina?
Wissen Fiona und Katharina, warum ihre Schwester in einer Einrichtung lebt?
...

Personale Dispositionen sowie psychische und Verhaltensauffälligkeiten des Kindes Fiona (analog für Kind Katharina)

Wie würden Sie Fiona beschreiben? Besonderheiten? Stärken und Schwächen?
Verlauf von Schwangerschaft und Geburt? Bisherige kindliche Entwicklung?
Mögliche Auffälligkeiten? ...

Beziehungsmerkmale, Bindungsmerkmale Fionas (analog für Kind Katharina)

Wer sind wichtige Personen in Fionas Leben?
Wie verhält sich Fiona, wenn sie Sorgen hat oder krank ist?
Wie reagiert Fiona auf Trennungssituationen? Früher und heute? ...

Elterliche Erziehungsfähigkeit

Erziehungsverhalten

Gibt es bestimmte Regeln für Ihre Kinder? Wie reagieren Sie auf Überschreitungen?
Was ist Ihnen in der Erziehung Ihrer Kinder besonders wichtig?
Was ist Ihrem Partner wichtig? Gibt es Bereiche im Erziehungsverhalten Ihres Partners, die Sie kritisch sehen? ...

Elterliche Kompetenz

Wer ist für die Alltagsversorgung Ihrer Kinder zuständig?
Wie viel Zeit verbringen Sie/der Kindesvater im Alltag alleine und gemeinsam mit Ihren Kindern?
Wie werden Konflikte gelöst (früher und heute)? (Elternhaus, Partnerschaft, Konflikte mit Kindern)
Bindungsrelevante Themen: Was machen Sie, wenn Sie bemerken, dass Ihr Kind traurig ist? Wenn es wütend ist? Wie erleben Sie eine Trennung von Ihrem Kind?
...

Hilfeakzeptanz

Sehen Sie einen Unterstützungsbedarf bei sich selbst in Erziehungsfragen? Bei Ihrem Kind? Bei dem anderen Elternteil?
Wer kann Sie unterstützen? In welchen Bereichen? Gibt es Bereiche, in denen Sie denken „Da weiß ich alleine nicht weiter"? ...

Kooperationsbereitschaft mit Jugendamt/Hilfemaßnahmen

Haben Sie Beratungsgespräche in Anspruch genommen? Wie regelmäßig?
Bei welchen konkreten Aspekten konnten die Fachkräfte unterstützen?
Was hat sich durch deren Unterstützung verändert?
Wie lauten Ihre Zukunftsvorstellungen bezüglich der Versorgung und Förderung von Ihren Kindern? Was brauchen Ihre Kinder zukünftig? ...

einen gegenüber den Eltern transparent dargelegt werden, was den Maßstab der gutachterlichen Empfehlung darstellt. Zum anderen können so Konvergenzen und Divergenzen mit den elterlichen Vorstellungen einschließlich des Vorhandenseins von Reflexionsmöglichkeiten konkret thematisiert und erfasst werden.

Auswertung der Explorationsgespräche

Die Explorationsgespräche müssen anschließend vor dem Hintergrund der psychologischen Fragestellungen und der entsprechenden Prüfkriterien ausgewertet werden. Darauf gestützt erfolgt eine kriteriengeleitete zusammenfassende Darstellung im Gutachten. Auf eine Aufnahme von Wortprotokollen der Explorationsgespräche in das schriftliche Gutachten wird im familienrechtlichen Kontext zumeist verzichtet. Die Auswertung und Darstellung der Explorationsgespräche stellt somit eine wissenschaftlich-psychologische Leistung unter diagnostischen Aspekten dar. Die kriteriengeleitete Auswertung der Interviewdaten anhand vorab definierter Kategorien (z.B. Kindeswohlkriterien) hat das Ziel, die Auswertungsobjektivität zu erhöhen (vgl. Daseking & Petermann, 2006). Audioaufnahmen (nach vorliegendem Einverständnis der explorierten Personen) ermöglichen die zuverlässige Dokumentation und objektivere Auswertung des Materials und können Verfälschungen entgegenwirken. Ansonsten ist eine schriftliche detaillierte Protokollierung während des Gesprächs vonnöten.

Standardisierte und strukturierte diagnostische Interviews

Die fallspezifischen Explorationsleitfäden und die darauf basierende kriteriengeleitete Auswertung der Interviewdaten können um standardisierte bzw. strukturierte diagnostische Interviewverfahren ergänzt werden, für die wissenschaftliche Evaluationen vorliegen, soweit sich diese zur Erfassung spezifischer Konstrukte im Begutachtungskontext anbieten. Mit dem *Interviewleitfaden zur Diagnostik von Elterlichem Erziehungsverhalten* (IDEE; Jacob & Schiel, 2010) liegt ein Interviewleitfaden zur Erfassung elterlichen Erziehungsverhaltens vor, der auf einer theoretischen Grundlage (Vier-Komponenten-Modell und Multiaxiales Diagnosesystem der Jugendhilfe nach Jacob & Wahlen, 2006) entwickelt wurde und der sich explizit auch an familienpsychologisch tätige Sachverständige richtet. Der Interviewleitfaden wurde für Eltern konzipiert, die ein Kind im Alter zwischen 6 und 12 Jahren haben. In einer wissenschaftlichen Pilotuntersuchung hat sich gezeigt, dass auf der Grundlage der Informationen, die mithilfe des Interviewleitfadens gewonnen wurden, zwischen Eltern mit unproblematischem und solchen mit problematischem Erziehungsverhalten differenziert werden konnte. Ein Auswertungsschema wird durch die Autor_innen vorgelegt. Aus dem englischsprachigen Raum existieren darüber hinaus mehrere Richtlinien und Frameworks zur explorationsbasierten Erfassung des Konstrukts der Erziehungsfähigkeit in Relation zu den kindlichen Bedürfnissen und unter Beachtung kontextueller Faktoren (Azar, Lauretti & Loding, 1998; Budd, 2001; Reder & Lucey, 1995; Steinhauer, 1983).

Sofern im Einzelfall notwendig, stützt sich die Erhebung von elterlichen psychopathologischen Auffälligkeiten auch auf die in Explorationsgesprächen erhobenen Befunde. Es kann sich in diesem Zusammenhang anbieten, im Rahmen der Exploration von Elternteilen standardisierte klinische Interviews (z. B. *Strukturiertes Klinisches Interview für DSM-5-Störungen – Klinische Version*, SCID-5-CV von Beesdo-Baum, Zaudig & Wittchen, 2019; *Diagnostisches Interview bei psychischen Störungen*, DIPS von Margraf, Cwik, Suppiger & Schneider, 2017) oder Screeningversionen klinischer Interviews (z. B. Mini-DIPS; Margraf & Cwik, 2017) einzusetzen (mehr dazu siehe Abschnitt 4.4).

Diagnostik psychischer Störungen in der Elternexploration

Neben der Erfassung und Darstellung der wesentlichen Inhalte der Explorationen sollten im Rahmen der Auswertung von Explorationsgesprächen Informationen über den situativen emotionalen Zustand der explorierten Person, das Erleben und Verarbeiten von Situationen, das Auftreten von Abwehrverhalten u. a. aufgenommen werden. So sind nicht nur die reinen Antworten relevant, Verhaltensbeobachtungen und psychodynamische Aspekte sind ebenso wesentlich. Erforderlich ist eine komplexe Auswertung des elterlichen Antwortverhaltens vor dem Hintergrund der Kindeswohl-, Sorgerechts- und umgangsrelevanten Kriterien, unter Berücksichtigung von Kontextfaktoren wie sozialer Erwünschtheit, psychischer Befindlichkeit, Bildungsgrad, sozioökonomischem Hintergrund oder Migrations- bzw. kulturellen Aspekten. Hier stellen sich erhebliche Anforderungen an die oder den Diagnostiker, für die es kein standardisiertes Regelwerk geben kann. Um die Explorationsergebnisse fachlich einzuordnen, müssen diese zudem mit den Ergebnissen der weiteren Untersuchungsmethoden verknüpft werden. Nur so kann eine umfassende diagnostische Grundlage für die Beantwortung der gerichtlichen Fragestellungen gelegt werden.

Einbeziehung psychodynamischer Aspekte bei der Auswertung der Elternexplorationen

4.1.2 Explorationsgespräche mit Kindern und explorationsunterstützende Erhebungsverfahren

Explorationsgespräche mit Kindern stützen sich ebenfalls auf halbstandardisierte Interviewleitfäden, die anhand der kindbezogenen Kindeswohl-, Sorgerechts- und umgangsrelevanten Kriterien einzelfallbezogen entwickelt werden. In der Durchführung der Explorationen ist auf eine altersangemessene und kindgerechte Sprache zu achten. Dies betrifft auch die Dauer und Rahmung der Explorationsgespräche. Zudem muss, dem Prinzip der informierten Einwilligung folgend, eine altersgerechte Aufklärung des Kindes über die Rolle und Aufgabe der/des Sachverständigen, die Auskunftspflicht und die Freiwilligkeit der Begutachtung erfolgen. Das Gesprächssetting sollte kindgerecht gestaltet werden. Zur Herstellung einer positiven Gesprächsatmosphäre kann der Gesprächseinstieg über konfliktneutrale oder positive Themen gefunden

Voraussetzungen und Setting für Explorationsgespräche mit Kindern

werden. Zur Gewöhnung an die unbekannte begutachtende Person sowie zum Abbau von ggf. auftretendem Abwehrverhalten von Kindern können je nach Alter des Kindes anfängliche Spielsequenzen eingesetzt werden. Es kann ebenfalls je nach Alter des Kindes gesprächsunterstützend sein, wenn sich das Kind während des Gesprächs zur Sache zum Spannungsabbau motorisch beschäftigt (z. B. etwas kneten oder ggf. auch malen). Es ist jedoch nicht zu empfehlen, eine Exploration zur Sache während einer Spielsituation durchzuführen, da dies eine fiktive Ebene in das Gespräch einführt, wodurch es leicht zu Vermischungen der Ebenen kommen kann. Ein Befragungszimmer mit viel Spielzeug kann einer kindgerechten Gestaltung entgegenstehen. Dieses Setting kann es dem Kind erschweren, sich auf das Gespräch zu konzentrieren, sodass das Kind häufig angeleitet werden muss, zu den Gesprächsinhalten zurückzukehren und die Mitwirkungsbereitschaft beeinträchtigt wird (zu Parallelen hinsichtlich der entwicklungsgerechten Befragung von Kindern im Rahmen von Strafverfahren siehe Niehaus, Volbert & Fegert, 2017).

Explorationsunterstützende Ansätze

Einzelne semiprojektive Verfahren, wie z. B. das *Familienbrett*, können bei Kindern, die von sich aus wenig berichten, explorationsunterstützend eingesetzt werden, um über familiäre und konfliktnahe Themen ins Gespräch zu kommen. Bei dem Familienbrett handelt es sich um ein quadratisches Brett, auf dem Holzfiguren für jedes Mitglied der Familie so positioniert werden können, wie sie subjektiv in der Familie zueinanderstehen. Hiervon ausgehend können gezielte Fragen zu den einzelnen Figuren und ihrer Position zueinander gestellt werden (vgl. z. B. Ludewig & Wilken, 2000). Allerdings gilt, dass ausschließlich der Explorationsinhalt ausgewertet wird. Auf der Projektionsannahme basierende Interpretationen sind unter psychometrischen Gesichtspunkten nicht belastbar und können keine Grundlage für die Beantwortung gerichtlicher Fragestellungen bilden.

Einsatz von Explorationsleitfäden

Bei der Erstellung von kindbezogenen Explorationsleitfäden kann zur Erfassung bestimmter Konstrukte auf bestehende Leitfäden zurückgegriffen werden (z. B. auf das *Bindungsinterview für die späte Kindheit*, BISK, Zimmermann & Scheuerer-Englisch, 2003 oder das *Child Attachment Interview*, CAI, z. B. Target, Fonagy & Shmueli-Goetz, 2003 zur Erfassung des Konstrukts der Bindung). Allerdings handelt es sich hierbei um Verfahren, die vorwiegend für den wissenschaftlichen Kontext entwickelt wurden und deren adäquate Auswertung ausführliche Schulung und Training erfordert. Der Einsatz dieser Verfahren bietet sich daher für den Begutachtungskontext unter Umständen begrenzt an.

Auswertung von Explorationsgesprächen mit Kindern

Leitfadenbasierte Explorationsgespräche mit Kindern müssen ebenfalls vor dem Hintergrund der psychologischen Fragestellungen und der entsprechenden Prüfkriterien ausgewertet werden und in eine kriteriengeleitete zusammenfassende Darstellung im Gutachten münden. Psychodynamische Aspekte sind auch hier zu berücksichtigen. Eine exemplarische Darstellung findet sich in Kasten 4. In diesem Fallbeispiel steht die Rückführung eines 12-jährigen Jungen zu seiner leiblichen Mutter infrage. Der Junge lebte bereits seit dem Kindergartenalter in einer Pflegefamilie. In den vergangenen Jahren war durch die Kindesmutter mehrfach eine Rückführung beantragt worden, stets mit dem Ergebnis, dass dies abgelehnt wurde, begründet durch eine erhebliche Gefährdung der Entwicklungssituation des Jungen.

Kasten 4: Gutachtenauszug einer kriteriengeleiteten zusammenfassenden Darstellung der Exploration mit einem 12-jährigen Jungen am Fallbeispiel

Fallbeispiel Johannes, 12 Jahre, lebt in Pflegefamilie, Frage nach Gefährdung des kindlichen Wohls bei Rückführung in den Haushalt der leiblichen Mutter

- Zu seiner *familiären Situation* berichtete Johannes, dass er bereits seit sieben oder acht Jahren bei seinen Pflegeeltern lebe. Zu seiner „richtigen Familie" würden seine Mutter, sein Bruder, seine Schwestern sowie sein Onkel und seine Tante gehören. ...
- Hinsichtlich seiner *Beziehung zu seiner leiblichen Mutter* berichtete Johannes, seine Mutter sei „nett, ganz lieb". Sie könne gut Geschichten erzählen und sie würden gemeinsam Spiele spielen. Was seine Mutter nicht so gut könne, sei sich zu beruhigen, wenn sie sich aufrege. Bei den Umgangskontakten unternehme er unterschiedliche Sachen mit seiner Mutter. Sie hole ihn vom Bus ab, und dann fahre man manchmal noch einkaufen oder direkt nach Hause. Sie würden sich unterschiedliche Sachen vornehmen, so wie „Eis essen". Weitere Rückfragen zur Mutter-Kind-Beziehung ließ Johannes unbeantwortet, dabei blickte er zunächst zu Boden und stand dann auf, um aus dem Fenster zu sehen. ...
- Mit Johannes wurde hinsichtlich seiner *Stressressourcen* über seine Umgangsweisen mit negativen Gefühlen gesprochen. Er gab an, wenn er sauer oder traurig sei, lenke er sich meistens davon ab und denke nicht mehr darüber nach. Er spreche mit niemandem darüber, auch nicht mit Freunden. Er habe bis jetzt noch keinen Freund, mit dem er gerne über so etwas reden wolle. Es müsse ja auch schon ein Freund sein, der das dann auch verstehe. Er sei sich nicht sicher, ob ein Freund das verstehen könne, was ihm passiert sei und ob der dann auch damit umgehen könne. Das wisse er nicht, deswegen erzähle er das auch keinem. Auf die Frage, ob es eine bestimmte Situation gebe, an die er denke, blickte Johannes zu Boden und berichtete in leisem Ton, das betreffe alles, was bislang so in seinem Leben passiert sei. Was bestimmt auch in seinen Akten stehe, die Gutachterin werde es ja wissen. Er habe noch nie jemandem davon erzählt, der das noch nicht gewusst habe. ...

- Johannes wurde dann gefragt, ob er eine *Willenshaltung bezüglich der Lebensortfrage* einbringen wolle. Er gab an, dass das „schwierig" sei. Er wolle ein „bisschen lieber" bei seiner Mutter leben. Aber wegen der Schule und auch wegen seiner Pflegeeltern wäre es vielleicht doch dort besser. Johannes berichtete weiter, dass er es auch schade fände, wenn seine Freunde nicht mehr in seiner Nähe seien, wenn er zu seiner Mutter ziehen würde. Freunde habe er dort nicht so viele.
- Johannes führte weiter aus, seine Mutter wolle das eine, nämlich, dass er zu ihr ziehe und seine Pflegeeltern wollten das andere, nämlich, dass er bleibe. Da wisse er selbst gar nicht mehr genau, was er eigentlich wolle. Er wolle entweder zu seiner Mutter ziehen oder er wolle, dass es für seine Mutter in Ordnung sei, wenn er bei seinen Pflegeeltern bleibe. Bei seiner Mutter sei natürlich besser, dass er dort mehr dürfe. ...

4.1.3 Diagnostik des Kindeswillens

Grundlagen und Definition des Kindeswillens

Der Kindeswille gehört zu den besonders schwierigen Kriterien bei der Beurteilung des Kindeswohls. Das Recht auf freie Entfaltung der Persönlichkeit (Art. 1 GG) und auf Erziehung zu einer eigenverantwortlichen und gemeinschaftsfähigen Persönlichkeit (§ 1 Abs. 1 SGB) ist nur mit Freiraum für Selbstbestimmung und Mitwirkung zu gewährleisten. In der UN-Kinderrechtskonvention (Art. 9, Art. 12 UN-KRK) ist die Teilhabe des Kindes an allen bedeutsamen Lebensentscheidungen verankert. Um diese Forderung ernsthaft umzusetzen, muss der Kindeswille im Rahmen von Sorge- und Umgangsrechtsentscheidungen sowie in Lebensortfragen im Rahmen von Kinderschutzverfahren Beachtung finden (vgl. Art. 9 UN-KRK). Dabei stellen sich jedoch erhebliche Probleme in der Operationalisierung und Erfassung dieses Konstrukts. Empirisch-psychologische Erkenntnisse zur Entstehung, Äußerung oder operationalen Erfassung kindlicher Willensprozesse liegen kaum vor.

Im rechtspsychologischen Verständnis lässt sich der Kindeswille als „altersgemäß stabile und autonome Ausrichtung des Kindes auf erstrebte, persönlich bedeutsame Zielzustände" definieren (Dettenborn & Walter, 2016). Diese Definition beinhaltet keine Aussagen über den Bewusstseinsgrad, über emotionale oder kognitive Anteile, über Motive; diese sind gesondert zu beurteilen. Erfasst werden sollen die vom Kind selbst definierten eigenen Interessen, es geht nicht um einen „vernünftigen" Willen (Dettenborn & Walter, 2016). Die Diagnostik des Kindeswillens muss unter Beachtung der rechtlichen Altersstandards (z. B. § 1671 Abs. 2 BGB) und individueller Defizite erfolgen. Die Diagnostik erfolgt i. d. R. in der direkten Exploration des Kindes oder indirekt anhand der Befragung anderer Personen.

Diagnostisches Vorgehen

Dettenborn (2017) diskutiert eine Reihe von Entwicklungsvoraussetzungen zur Willensbildung bzw. zur Willensäußerung, die sich u. a. auf die Entwicklung des autobiografischen Gedächtnisses, von Mentalisierungsprozessen, den Reflexionsmöglichkeiten über Vergangenheit und Zukunft, die Vorstellung einer Zeitspanne, das logisch- und kausalorientierte Denken sowie die sprachlichen Rahmenkompetenzen beziehen. Dettenborn und Walter (2016) resümieren, dass sich ab einem Alter von drei bis vier Jahren Kompetenzerweiterungen zeigen, die Willensbildung/-äußerung ermöglichen.

Als Prüfkriterien schlagen Dettenborn und Walter (2016) die Mindestanforderungen *Zielorientierung* (d. h. eine handlungsleitende Ausrichtung auf erstrebte Zustände), *Intensität* (d. h. Nachdrücklichkeit und Entschiedenheit), *Stabilität* (d. h. angemessene zeitliche Dauer, gegenüber verschiedenen Personen und unter verschiedenen Umständen) und *Autonomie* (d. h. Ausdruck der individuellen, selbst initiierten Strebungen) vor. Je ausgeprägter die kontinuierlichen Merkmale, desto größeres Gewicht sollte den Autoren zufolge dem Kindeswillen als Kriterium für das Kindeswohl beigemessen werden. Wenn es jedoch Hinweise gibt, dass eine Umsetzung des Kindeswillens dem Kindeswohl schaden kann, entsteht ein Missverhältnis zwischen objektiver Bedürfnislage und dem Kindeswillen (Dettenborn & Walter, 2016).

Prüfkriterien des Kindeswillens

Ein selbstgefährdender Kindeswille kann durch verfehlte Nutzenerwartungen, verfehlte oder fehlende Schadenseinschätzungen oder durch verfehlte Realisierungseinschätzungen entstehen. Die Sicherung des Kindeswohls setzt hierbei die Grenzen der Selbstbestimmung des Kindes fest. Es bedarf somit einer zweiseitigen Prüfung: (a) mögliche Gefährdungsfolgen, wenn dem Kindeswillen gefolgt wird und (b) mögliche Gefährdungsfolgen bei Nichtbefolgen des Kindeswillens (z. B. Resignation, Hilflosigkeit).

Selbstgefährdender Kindeswille

In einem explorativen empirischen Ansatz fanden Zumbach, Saini und Koglin (in Druck) an einer Stichprobe von 113 fünfjährigen Kindern empirisch basierte Operationalisierungshinweise zum Konstrukt des Kindeswillens, indem Kinder selbst zu ihren *Strategien der Willensäußerung* befragt wurden. Schon fünfjährige Kinder konnten eine breite Anzahl an Strategien benennen, wie ein Kind seinen Willen durch Sprache oder Handlung äußern kann (z. B. Verhandeln, Betteln, Emotionsausdruck, Verhaltensvermeidung), die sich u. a. als Anpassungsstrategien kategorisieren ließen. Es fanden sich Hinweise, dass Kinder mit einem höheren sozial-emotionalen Entwicklungsstand differenziertere Strategien benennen können, um ihre Willenshaltungen zum Ausdruck zu bringen, als Kinder mit einem niedrigeren sozial-emotionalen Entwicklungsstand. Hinsichtlich des kognitiven Entwicklungsstandes zeigten sich hingegen keine Variationen.

Kindliche Strategien der Willensäußerung

Bei der Übertragung dieser explorativ gewonnenen Forschungsbefunde in die Handlungspraxis der Erfassung des Konstrukts „Kindeswille" ist sicher-

Prozesscharakter des Kindeswillens

lich noch Vorsicht geboten. Der Ansatz, Willensäußerungen als Anpassungsstrategien zu verstehen, ist jedoch ein praxisrelevantes Ergebnis, was darauf hinweist, dass nicht nur ein erstrebter Zielzustand, sondern insbesondere der *Prozesscharakter* von Willensäußerungen diagnostisch erfasst werden sollte. Dieses Vorgehen relativiert das Stabilitätskriterium, da bei einem Wandel der situativen Bedingungen auch von einer Veränderung der Anpassungsleistungen auszugehen ist. Eine Änderung der Willenshaltung kann so zwar möglicherweise dem Kriterium der Stabilität widersprechen, aber auch eine Anpassungsleistung an eine sich verändernde Situation (z. B. Elternkonflikte intensivieren oder verringern sich) darstellen und somit als adaptiver Prozess zu verstehen sein. Zudem lassen sich aus der Studie erste Hinweise ableiten, dass eine Bewertung der Willensäußerungen von (fünfjährigen) Kindern im Kontext ihres sozial-emotionalen Entwicklungsstandes erfolgen sollte.

4.2 Verhaltensbeobachtung

Ziel der Verhaltensbeobachtung

Ebenso wie die Durchführung und Auswertung von diagnostischen Interviews bzw. Explorationsgesprächen ist die Verhaltensbeobachtung und -beurteilung ein hoch komplexes Verfahren. Die Verhaltensbeobachtung dient der Beschreibung des Verhaltens einer oder mehrerer Personen. Sie wird in der diagnostischen Praxis sehr oft eingesetzt – und sei es nur, um das Verhalten einer Person bei der Durchführung eines Tests oder während eines diagnostischen Interviews zu beschreiben. In der familienrechtlichen Begutachtung hat sie einen hohen Stellenwert (z. B. wenn sehr junge oder sehr belastete Kinder [noch] keine Angaben im Explorationsgespräch machen können/wollen). Die Verhaltensbeobachtung ist die Grundlage für die Verhaltensbeurteilung (Schmidt-Atzert & Amelang, 2018).

Standardisierung und Strukturierung von Verhaltensbeobachtungen

Im Begutachtungskontext ist auch bei der Beobachtung der Grad der Standardisierung für die diagnostische Belastbarkeit entsprechender Befunde entscheidend. So beschreiben Schmidt-Atzert und Amelang (2018), dass „Verhalten" vor allem in den Köpfen der Beobachter existiert, es handelt sich dabei keineswegs nur um ein Abbild der physikalischen Welt. Die Beschreibung von „Verhalten" ist eine Auswahl von Ereignissen aus dem ständigen Fluss von Verhaltensweisen. Somit ist Beobachten immer mit einer *Selektion* verbunden. Was im Verhaltensstrom als relevant entdeckt wird, grenzen wir voneinander ab und benennen es nach seiner vermuteten Bedeutung (z. B. Lachen, Weinen, Antworten und Schimpfen). Diesen Prozess bezeichnen wir als *Segmentierung*. Verhaltenssegmente werden quantifiziert, indem sie mit Aussagen über die Intensität, Dauer oder Häufigkeit versehen werden. Freie Verhaltensbeschreibungen zweier Beobachter fallen praktisch nie identisch aus, da Beobachter aufgrund der Selektionsprozesse Unterschiedliches beachten oder unterschiedliche Beschreibungen wählen. Zudem wird mit Begriffen zur

Quantifizierung unterschiedlich umgegangen. Mit einer systematischen Verhaltensbeobachtung sollen Selektion, Segmentierung und Quantifizierung so weit wie möglich standardisiert werden (Schmidt-Atzert & Amelang, 2018).

Grundsätzlich ist anzumerken, dass eine Reihe von Fehlerquellen im Rahmen der Verhaltens- und Interaktionsbeobachtung in der Literatur diskutiert werden, darunter beispielsweise

- Halo-Effekte (Urteil über ein herausragendes Merkmal überstrahlt die Beurteilungen anderer Merkmale einer Person);
- logische Fehler (implizite Annahme über die logische Zusammengehörigkeit bestimmter Merkmale);
- Primacy- und Recency-Effekte (übermäßige Beeinflussung durch Beobachtungen vom Anfang bzw. vom Ende der Beobachtungsphase);
- Beobachterdrift (Genauigkeit der Beobachtung lässt entweder über die Beobachtungsphase nach oder nimmt zu);
- Reaktivität (Beobachter_innen verändern durch ihre Anwesenheit oder auch durch unangemessenes Auftreten das Verhalten der zu beobachtenden Person);
- Antworttendenzen (Milde- und Strengefehler, zentrale Tendenz und Tendenz zu Extremurteilen).

Fehlerquellen bei Verhaltens- und Interaktionsbeobachtungen

Um diesen Fehlerquellen zu begegnen, ist zum einen der Einsatz von Strukturierungshilfen zur Auswertung (Kodierschemata) und zum anderen die Schulung in der adäquaten Anwendung der Kodierschemata zentral (Schmidt-Atzert & Amelang, 2018).

Die zur Verhaltensbeobachtung eingesetzten Situationen im Begutachtungskontext können frei oder strukturiert gestaltet werden. Die Beobachtungen erfolgen meist in Situationen, die von dem/der Sachverständigen geschaffen werden (z. B. in Praxisräumen), können aber auch in der natürlichen Umgebung im Rahmen von Hausbesuchen erfolgen. In der Regel werden Fremdbeobachtungen durch den/die Sachverständigen durchgeführt, die durch Selbst- und Fremdbeobachtungen, z. B. der Elternteile, ergänzt werden können. Durch die Rahmenbedingungen der Begutachtung festgelegt ist die offene Beobachtung (Transparenzkriterium). Videoaufnahmen (nach vorliegendem Einverständnis der Beteiligten) ermöglichen die Auswertung des Materials auf Mikro- und Makroebene.

Beobachtungssituation

4.2.1 Verhaltensbeobachtung auf Individualebene

Das Verhalten der zu begutachtenden Personen auf Individualebene während der Durchführung von Explorationen und Tests liefert zusätzliche Informationen zu relevanten Sorgerechts- und Kindeswohl- bzw. umgangsrelevanten

Kriterien (z. B. psychische Befindlichkeit, Entwicklungsstand, Konvergenzen und Differenzen im Verhalten gegenüber verschiedenen Personen). Gerade bei sehr jungen Kindern kann die Verhaltensbeobachtung wichtige kindbezogene Befunde liefern, die ansonsten aufgrund der altersbedingt eingeschränkten Explorationsfähigkeit in nur sehr geringem Ausmaß erhoben werden können.

Kriterien zur Verhaltensbeschreibung

Verhaltensbeschreibung im Begutachtungskontext sollte stets kriteriengeleitet erfolgen. Jacob (2016) schlägt die folgenden Indikatoren vor, um beim Kind beobachtete Verhaltensmerkmale strukturiert zu berücksichtigen:
- Vitalität (Aktivierung und Wachheit);
- Spiel (Initiative, Aufrechterhaltung, Beendigung, Spielarten);
- Ausrichtung von Aufmerksamkeit;
- Augenkontakt (Vermeidung, Aufrechterhaltung, Beendigung);
- Lautsignale (verbal, paraverbal);
- Körpergestik (speziell soziale Gesten);
- Reaktivität (Folgeverhalten);
- Verhalten bei situationsabhängigen Übergängen;
- Affekt (Ausdruck, Spiegelung und Abstimmung von Affekten, Affektregulation).

In Kasten 5 findet sich ein Fallbeispiel zur Verhaltensbeobachtung eines dreijährigen Mädchens im Explorationskontext. Das beobachtete Verhalten wird zunächst interpretationsfrei beschrieben. Auf Basis dieser Verhaltensbeschreibung erfolgt eine Zuordnung zu den jeweiligen Indikatoren nach Jacob (2016). Aufbauend auf der Verhaltensbeobachtung und -beschreibung wird die übergreifende Verhaltensbeurteilung vorgenommen. Im schriftlichen Gutachten sollte sich die Verhaltensbeschreibung direkt an den Indikatoren orientieren. Die Verschriftlichung der Verhaltensbeurteilung erfolgt an späterer Stelle im Gutachten im Rahmen der Bewertung der Ergebnisse.

Kasten 5: Verhaltensbeschreibung und -beurteilung auf Individualebene am Fallbeispiel (Maria, 3 Jahre, lebt in Pflegefamilie, Frage nach Gefährdung des kindlichen Wohls bei Rückführung in den Haushalt der leiblichen Mutter)

Rahmung der Situation:
Es wurde eine Spielsituation mit Maria im Rahmen eines Hausbesuchs im Haushalt der Pflegeeltern in ihrem Kinderzimmer durch die Sachverständige initiiert.

1. Verhaltensbeschreibung:
Auf die Frage, ob Maria der Sachverständigen ihr Zimmer zeigen wolle, reagierte Maria prompt, indem sie in Begleitung des Pflegevaters in den Flur lief, der zu ihrem Zimmer führte. Hierbei nahm sie dessen Hand. Im Kinderzimmer angekommen, lief Maria spontan auf ihr Bett zu und holte ein Kuscheltier, um es der Sachverständigen zu zeigen. Der

Pflegevater zog sich nach einer kurzen gemeinsamen Sequenz zurück, sodass eine einzelne Spielsituation zwischen der Sachverständigen und Maria entstand. Auf die verbale Verabschiedung des Pflegevaters, der dann das Kinderzimmer verließ, reagierte Maria weder verbal noch mimisch oder gestisch und zeigte der Sachverständigen weiterhin Bücher und weitere Spielsachen.

Es gestaltete sich anschließend eine Spielsituation, an der sich Maria durch mehrfaches Initiieren von Spielsequenzen aktiv beteiligte. Sie machte mehrere Vorschläge, was man spielen könne. So zeigte sie der Sachverständigen zunächst ein Buch und forderte sie zum „… Vorlesen!" auf. Dann wandte sie sich spontan ihrer Spielküche zu und „backte" der Sachverständigen einen „Kuchen". Wiederholt stand sie plötzlich auf und lief durch das Zimmer, um weitere Spielsachen zu holen. Sie blieb in ihrer Aufmerksamkeit an Spielinhalten nur über kurze Zeitsequenzen haften.

Im Spiel zeigte sich Maria kooperativ, sie konnte Aufforderungen durch die Sachverständige gut umsetzen (z. B. zeigte sie auf Aufforderung auf bestimmte Tiere oder „malte" ein Bild). Sie akzeptierte Grenzsetzungen durch die Sachverständige (z. B. indem sie sie aufforderte, nicht in ihrer Handtasche zu stöbern, sondern weiter gemeinsam in dem Buch zu „lesen").

Maria beteiligte sich verbal aktiv am Spiel, sie kommentierte Spielhandlungen beschreibend und stellte der Sachverständigen Verständnisfragen zum Spielinhalt (z. B. „… wie geht das jetzt?"). In ihren verbalen Äußerungen verblieb sie überwiegend spielbezogen. Gelegentlich „erzählte" sie jedoch spontan von ihren Pflegeeltern und gemeinsamen Aktivitäten (z. B. von einem gestrigen Spielplatzbesuch).

Maria suchte mehrfach Augenkontakt zu der Sachverständigen im Spiel. Im Rahmen des Übergebens von Gegenständen nahm Maria Körperkontakt zu der Sachverständigen auf (z. B. indem sie dabei in ihre Hände „klatschen" wollte).

Als schließlich der Pflegevater das Zimmer wieder betrat, blickte Maria zu ihm auf und begrüßte ihn verbal sowie durch die Aufnahme von Körperkontakt (Umarmung). …

2. Zuordnung zu den kindbezogenen Verhaltensindikatoren nach Jacob (2016):

Vitalität	• aktive Beteiligung • wiederholtes plötzliches Aufstehen und Durch-das-Zimmer-Laufen
Initiative/Spiel	• ins obere Stockwerk laufen • Buch aus dem Regal nehmen und der Sachverständigen zeigen • mehrfaches Initiieren von Spielsequenzen durch verschiedene Spielvorschläge
Ausrichtung von Aufmerksamkeit	• wiederholtes plötzliches Aufstehen und Durch-das-Zimmer-Laufen • Umsetzung von Spielvorschlägen durch die Sachverständige und gemeinsame Aufmerksamkeitsausrichtung auf Spielinhalte
Augenkontakt	• mehrfache Aufnahme von Augenkontakt zur Sachverständigen • Aufblicken zu Pflegevater bei dessen Rückkehr ins Kinderzimmer

Lautsignale	• verbale aktive Beteiligung am Spiel • Verständnisfragen • Aktivitätsberichte in Bezug auf Pflegeeltern
Körpergestik/ soziale Gesten	• Hand des Pflegevaters nehmen • Aufnahme von Körperkontakt zur Sachverständigen durch Klatschen • Umarmung des Pflegevaters bei dessen Rückkehr
Reaktivität/ Folgeverhalten	• Umsetzung von Spielvorschlägen durch Sachverständige • Akzeptanz von Grenzsetzungen
Verhalten bei situationsabhängigen Übergängen	• keine Reaktion auf Verabschiedung des Pflegevaters • Reaktion auf Rückkehr des Pflegevaters durch verbales Begrüßen und Aufnahme von Körperkontakt
Affekt	• Ergreifen der Hand des Pflegevaters • Umarmen des Pflegevaters

3. (Vorläufige) Verhaltensbeurteilung:

Maria zeigte in allen Beurteilungskategorien altersentsprechende Verhaltensweisen. Deutlich ausgeprägt zeigte sich eine Fähigkeit zur Initiierung und Aufrechterhaltung sozialer Interaktionen mit einer ihr bislang unbekannten Person, wobei sie verschiedene Verhaltensweisen flexibel einsetzen konnte (Ergreifen von Initiative, Aufnahme von Augenkontakt, Körpergestik, Folgeverhalten, Lautsignale). Leicht auffällig erschienen eine Überaktivität und eine eingeschränkte Aufmerksamkeitsspanne im Spiel *[an dieser Stelle wären zur Erklärung dieser Verhaltensweisen im weiteren Begutachtungsverlauf Verhaltensproben zu unterschiedlichen Bedingungen und mit unterschiedlichen Interaktionspartnern zu berücksichtigen]*. Maria zeigte eine altersangemessene Affektmodulation und unterschied hier in angemessener Weise in ihrem Verhalten zwischen ihr bekannten und ihr unbekannten Interaktionspartnern (Pflegevater vs. Sachverständige).

4.2.2 Verfahren zur freien und strukturierten Interaktionsbeobachtung von Kindern und Eltern

Ziel der Interaktionsbeobachtung

Interaktionsbeobachtungen werden eingesetzt, um sozial interaktive Handlungen einer Mehrzahl von Personen zu beobachten. Ziel ist es, Schlüsse auf Beziehungsmerkmale vorzunehmen. Dazu zählen die grundlegende dyadische Beziehung sowie auch einzelne Kompetenzen zur Interaktionsgestaltung eines Interaktionspartners (z. B. Feinfühligkeit; Jacob, 2016). Beobachtet werden können sowohl freie Spielsequenzen oder Alltagssituationen (z. B. Wickel- oder Füttersequenzen, Mahlzeiten oder Hausaufgabensituationen mit älteren Kindern) als auch durch die/den Sachverständige/n strukturierte Sequenzen, die eine spezifische Aufgabenstellung beinhalten. Die Frage, was unter diagnostischen Gesichtspunkten gewinnbringender ist, wird teilweise kontrovers diskutiert. Letztlich wird empfohlen, sowohl strukturierte als auch unstrukturierte Aktivitäten zu beobachten (vgl. Saini & Polack, 2014).

Die Beobachtung *strukturierter* Interaktionen ist wichtig, weil sie zum einen die Gelegenheit bietet, die gemeinsame Arbeit des Elternteils und des Kindes auf ein gemeinsames Ziel hin zu beobachten und zum anderen eine höhere Vergleichbarkeit über Situationen mit verschiedenen Interaktionspartner_innen hergestellt werden kann. Die Beobachtung *unstrukturierter* Interaktionen liefert hingegen Daten mit einer höheren Alltagsnähe. Um Transparenz zu gewährleisten, sollte im Gutachten stets dargelegt werden, welche Situation unter welchem Strukturierungsgrad beobachtet wurde. Zudem sollten die Bedingungen der Beobachtung dokumentiert werden (z. B. Tageszeit, Wochentag, Ort der Beobachtung, anwesende Familienmitglieder, Dauer der Beobachtung, Anzahl der Beobachtungen; vgl. Saini & Polack, 2014).

Strukturierte und unstrukturierte Beobachtung

Die Beobachtung von Eltern-Kind-Interaktionen bietet der/dem Sachverständigen die Möglichkeit, eine große Informationsmenge zu erfassen, die sich auf verschiedene Konstrukte beziehen kann. Darunter fallen beispielsweise:
- die elterliche Anpassung an die Bedürfnisse des Kindes und die elterliche Kompetenz;
- die Bedürfnisse und Stärken des Kindes;
- das Ausmaß von Stress bei Kindern und Eltern bei gemeinsamen Interaktionen;
- die Eltern-Kind-Bindung;
- das verbale und nonverbale Elternverhalten (z. B. Augenkontakt, Körperkontakt, Sprache, Aufmerksamkeitsfähigkeit);
- die Kommunikationsdynamik;
- die Entwicklungsadäquanz;
- die Erziehungsstile;
- der Grad der elterlichen Autorität, Kontrolle und Disziplin;
- die elterlichen Erwartungen;
- die Qualität von Geschwisterbeziehungen;
- die Familiendynamik allgemein (vgl. Saini & Polack, 2014).

Erfassung verschiedener Konstrukte

Es ist unwahrscheinlich, dass die/der Sachverständige jede dieser Dimensionen systematisch betrachtet (vgl. Saini & Polack, 2014). Somit muss vorab die Frage geklärt werden, welches Konstrukt mit der Beobachtung einer Interaktionssequenz im Individualfall vor dem Hintergrund der psychologischen Fragestellungen erfasst werden soll. Häufig soll eine Gesamteinschätzung der Beziehungsqualität abgegeben werden (vgl. Jacob, 2016).

In diesem Rahmen ist eine definitorische Abgrenzung zwischen Interaktion und Beziehung hilfreich: Als *Interaktionen* werden Sprach- oder andere Hand-

Abgrenzung von Interaktion und Beziehung

lungen von zwei oder mehreren Personen bezeichnet, die sich unmittelbar aufeinander beziehen. Diese Handlungen sind operationalisierbar und beobachtbar. Unter einem Interaktionsmuster werden wiederkehrende, in zentralen Merkmalen ähnliche Handlungen oder Handlungsketten verstanden, die auf eine *Beziehung* schließen lassen. Von den Handlungen wird auf Beziehungsschemata der Beteiligten geschlossen und bei Stabilität und Konsistenz auf deren Beziehungseinstellungen. „Beziehung" ist somit ein Konstruktbegriff, der sich durch seinen Konstruktcharakter von der beobachtbaren und operationalisierbaren „Interaktion" unterscheidet (Jacob, 2016).

Als dynamisches Konzept lässt sich Beziehung als „Wiederherstellung von Passung" verstehen (Jacob, 2016). Zur Erfassung der Beziehung müssen Elemente der Passung („fits") sowie misslungener Passung („misfits") erkannt werden. Als Element der Passung („fit") wäre beispielsweise das kindliche Senden eines Signals negativer Emotionalität (z. B. Weinen nach Hinfallen) und die feinfühlige, d. h. prompte und adäquate Reaktion des Elternteils, die zur Auflösung der negativen Emotionalität führt (z. B. Aufnahme von Körperkontakt, Zusprechen), zu verstehen. Beziehung kann somit zirkulär als „Match-Mismatch-Repair-Circle" verstanden werden. In der Interaktionsbeobachtung ist die Analyse der „Reparatur" von „misfits" durch die Interaktionspartner von besonderer Bedeutung (Jacob, 2016). Beispielsweise konnten Skowron, Kozlowski und Pincus (2010) in einer Querschnittstudie Zusammenhänge zwischen Kindesmisshandlung und dem Interaktionsverhalten bei Mutter-Kind-Dyaden mit einem hohen vs. einem niedrigen Risiko für Kindesmisshandlung zeigen: So waren in Familien mit geringem Risiko für Kindesmisshandlung häufiger die Kinder Initiatoren von Brüchen („misfits"), während die Mütter signifikant häufiger „reparierten" und somit die Passung wiederherstellten. Umgekehrt waren Mütter in Hochrisikofamilien eher Initiatoren von Brüchen („misfits"), während Kinder häufiger die „Reparatur" initiierten als ihre Mütter.

Reaktivität in der Interaktionsbeobachtung

Downing (2009) stellt einige Überlegungen zur Thematik der *Reaktivität* in der Interaktionsbeobachtung an: Selbstverständlich ist die Beobachtungssituation, möglicherweise unter Hinzuziehung von Videoaufnahmen, keine natürliche Situation. Was in der (gefilmten) Beobachtungssituation stattfindet, ist natürlich nicht das „ganz Normale". Die beobachteten (erwachsenen) Personen werden vermutlich bestrebt sein, ihre Sache besonders gut zu machen und versuchen, ein erhöhtes Ausmaß an Kooperativität zu zeigen. Trotzdem ist es Downing (2009) zufolge möglich, die beobachtete Interaktion auszuwerten, nur muss diese mögliche Verzerrungsquelle bei der Bewertung berücksichtigt werden: Es gilt, dass Interaktionsmuster tief eingeschliffen sind, man kann nicht einfach aus ihnen „herausspringen". „Besondere Bemühung" eines Elternteils und vor allem die kindlichen Reaktionen hierauf sind daher von besonderem diagnostischem Interesse. Darüber hinaus kann möglichen

Fehlinterpretationen begegnet werden, indem mit den Beteiligten Rücksprache über die Interaktion gehalten wird (Was war typisch? Was war untypisch?) und/oder mehrere Interaktionsbeobachtungen in verschiedenen Settings durchgeführt werden (z. B. Hausbesuch vs. Praxis, strukturiert vs. unstrukturiert, verschiedene Tageszeiten).

Unabhängig davon, ob eine freie oder eine strukturierte Situation beobachtet wurde, ist im Rahmen der Auswertung ein strukturiertes und kriteriengeleitetes Vorgehen unverzichtbar. Wissenschaftliche Ursprünge der systematischen Interaktionsbeobachtung gehen auf die Bindungsforschung und besonders die Arbeiten von Mary Ainsworth zurück (siehe Abschnitt 4.2.3). Im deutschen Sprachraum entstanden wissenschaftlich basierte interaktionsdiagnostische Instrumente beispielsweise im Rahmen der längsschnittlichen Mannheimer Risikokinderstudie (z. B. *Mannheimer Beurteilungsskala zur Erfassung der Mutter-Kind-Interaktion im Säuglingsalter*, MBS-MKI-S; Esser, Scheven, Petrova & Laucht, 1989).

Auswertung der Interaktionsbeobachtung

Heute existiert eine große Anzahl an Kategoriensystemen, die darauf abzielen, die Auswertung von Interaktionsbeobachtungen zwischen Kindern und Eltern zu strukturieren bzw. zu standardisieren und somit die Beobachterübereinstimmung zu erhöhen (Übersichten finden sich z. B. bei Jacob, 2016; Müller, Hoffmann & Wonner, 2018). Die Verfahren sind jedoch in ihrer inhaltlichen und definitorischen Ausrichtung oft sehr heterogen und zeigen ein sehr unterschiedliches Ausmaß an theoretischer Referenzierung sowie an wissenschaftlicher Evaluation. Es existieren bis dato keine eindeutigen Empfehlungen, welche interaktionsdiagnostischen Instrumente für die familienrechtspsychologische Begutachtung eingesetzt werden sollten. Im Folgenden wird ein Überblick über in der Praxis verbreitete Verfahren einerseits sowie über eine systematische Literaturrecherche forschungsbasierter Arbeiten andererseits gegeben.

In jedem Fall sollten vor einer Interaktionsbeobachtung inhaltlich-funktionale Kategorien ausgewählt werden, anhand derer die Interaktionsdiagnostik erfolgt (vgl. Jacob, 2016). Teilweise finden sich in der Begutachtungspraxis erheblich veraltete Kriterienkataloge, die für den Einsatz nicht mehr zu empfehlen sind.

Leitend in der Auswahl eines Beobachtungsverfahrens sollte zunächst die Spezifikation des zu beobachtenden Konstrukts sein (z. B. Beziehung, Bindung, Elternverhalten zur Einschätzung der Erziehungsfähigkeit, Verhaltensauffälligkeiten des Kindes etc.). Hinsichtlich des Konstrukts „Beziehung" können die von Jacob (2016) vorgeschlagenen Konstruktfacetten (vgl. Tabelle 5) oder die sog. Downing-Skalen (Downing, 2009; vgl. Tabelle 6) zur Auswertung von Interaktionssequenzen Einsatz finden. Diese Beurtei-

Beurteilung des Konstrukts „Beziehung"

lungsansätze haben in der Praxis eine gewisse Verbreitung erfahren und basieren auf theoretischen Modellen, wurden jedoch (noch) nicht wissenschaftlich evaluiert.

Tabelle 5: Konstruktfacetten nach Jacob (2016)

Facetten	Indikatoren
Interaktive Kompetenz des Kindes	• Ausdrücken eigener Bedürfnisse • Ausdrücken von Irritation, Spannung, Stress • Einwerben von Hilfe • Angebot von Unterstützung • Affektregulation • Impulskontrolle • Selbstreflexion, Selbsterleben, Selbstverbalisieren • Erleben anderer • Vom Kind initiierte Reziprozität
Interaktive Kompetenz des Elternteils	• Rahmung und Strukturgebung • Freiraum für Exploration • Vermittlung von Sicherheit (inkl. Bindungsverhalten) • Erleichterung der affektiv-integrativen Verhaltensregulation • Regulationshandlungen zur Befriedigung kindlicher Bedürfnisse • Förderung selbstregulativer Handlungen des Kindes • Förderung der kindlichen Mentalisierung • Unterstützung prozeduralen Lernens • Strukturierung früher Erfahrungen • Korrektur eigener kommunikativer Fehler • Elterlich initiierte Reziprozität und Rückbindung • Konsistenz • Entwicklungsadäquanz • Authentizität
Interaktion Elternteil-Kind gesamt	• Qualität der Grundmelodie • Kontakt • Interaktionsverantwortung • Gegenseitige Bindungsqualität • Passung • Reziprozität
Elterliche Interaktion	• Gegenseitige Unterstützung • Konflikte und Interferenzen • Kommunikative Fehler und ihre Reparatur

Es ist zu beachten, dass die Konstruktfacetten nach Jacob (2016) eine Einteilung in die Kind- und Elternperspektive sowie in eine übergeordnete Perspektive erlauben, während die Downing-Skalen eine solche Differenzierung nicht vorsehen.

Tabelle 6: Downing-Skalen (Downing, 2009; vgl. Jacob, 2016)

Kategorie	Beschreibung
Kontakt	• Emotionale und/oder physische Fühlungnahme (Blick, Ton, Körperkontakt, Gesten) • Korrektur nicht passender Ausrichtung („Match-Mismatch-Repair-Circles")
Zusammenarbeit	• Praktische Kooperation im Dienste eines gemeinsamen Ziels (auch unabhängig von affektiven Kompetenzen)
Grenzen und Befolgen	• Grenzen setzen (Botschaften, Handeln) durch Elternteil bzw. Kind • Bereitschaft des Kindes bzw. des Elternteils, dieser Orientierung zu folgen
Verhandeln	• Verbales, ausdrückliches Aushandeln (ab ca. 5. Lebensjahr), Kompromissfindung
Autonomie	• Gerüstaufbau, Rahmung als Grundlage, Selbstwirksamkeit und damit ein positives Selbstbild zu entwickeln („scaffolding") • Problemlösen im Alleingang • Erkennen eigener Wünsche • Selbständiges Treffen altersgerechter Entscheidungen • Überführung der Entscheidung in adäquate Handlungen • Umgang mit Trennung
Organisation des Raumes	• Platzierung der Beteiligten im Raum und zueinander (in Bezug auf Aktivität, relevante Objekte)
Organisation der Zeit	• Rhythmus (Aktivitäts- und Sprechwechsel) und Tempo • Strukturierung längerer Intervalle (Instruktion und Rahmung)
Diskurs	• Was wird gesagt und wie angemessen ist es? • Unterstützung in der Emotionserkennung und Emotionsregulation, Fähigkeit zur Mentalisierung (Nachdenken über eigene und fremde Gefühle und mentale Zustände)

Jacob (2016) empfiehlt zur Integration dieser beiden Ansätze, die Kategorien nach Downing (2009) zur inhaltlich sortierten Darstellung beobachteter Interaktionssequenzen im Gutachten einzusetzen, um eine ausufernde, detailistische, nur an der zeitlichen Abfolge ausgerichtete Beschreibung zu vermeiden. Abschließend können seiner Empfehlung zufolge mithilfe der von Jacob (2016) vorgeschlagenen Konstruktfacetten ausgewählte Aspekte verallgemeinernd bewertet werden. Im Einzelfall kann die gutachterliche Einschätzung auch an der im Explorationsgespräch erhobenen elterlichen Einschätzung über die Eltern-Kind-Beziehung validiert werden bzw. Divergenzen können in einen Erklärungsprozess überführt werden.

In Kasten 6 findet sich eine exemplarische Darstellung einer Interaktionsbeobachtung mit Bewertung der Beziehungsqualität auf Basis der Konstruktfacetten nach Jacob (2016). Im schriftlichen Gutachten findet sich die Bewertung der gegenseitigen Beziehungsqualität an späterer Stelle im Rahmen der Bewertung der Ergebnisse.

Kasten 6: Interaktionsbeobachtung und Einschätzung der Beziehung eines zweijährigen Jungen mit dem Kindesvater

Fallbeispiel Jeff, 2;4 Jahre, lebt bei den Kindeseltern, Frage nach der Erziehungsfähigkeit der Kindeseltern im Kinderschutzverfahren

Im Rahmen eines Untersuchungstermins in den Praxisräumen wurde eine Verhaltens- und Interaktionsbeobachtung von Jeff und dem Kindesvater durchgeführt. Die Interaktionsbeobachtung fand vormittags mit einer Dauer von insgesamt 45 Minuten statt. Anwesend waren der Kindesvater, das Kind sowie die Sachverständige. Im Rahmen der Begutachtung erfolgten eine weitere Interaktionsbeobachtung des Kindes im Zusammensein mit der Kindesmutter in den Praxisräumen sowie eine Interaktionsbeobachtung im Zusammensein mit beiden Kindeseltern im Rahmen eines Hausbesuchs.

Interaktionsbeschreibung: Anfängliche freie Spielsituation ohne Instruktion

In einer anfänglichen freien Spielsituation mit einem Holz-Puzzle beteiligte sich Jeff wenig am Spiel, machte keine Lautäußerungen und nahm lediglich einmalig Blickkontakt zu dem Kindesvater auf. Es fiel auf, dass Jeff soziale Gesten nutzte, um mit dem Kindesvater zu kommunizieren (Zeigen auf Teile, Nicken, Kopfschütteln). Auf Fragen seitens des Kindesvaters reagierte er ebenfalls mit Nicken oder Kopfschütteln, woraus deutlich wurde, dass Jeff die Fragen des Kindesvaters verstand. Wörter sprach Jeff jedoch nie aus.

Aufforderungen durch den Kindesvater (z. B. etwas holen, Hand des Kindesvaters ergreifen, herkommen) folgte Jeff nicht. Im Spielverlauf stand Jeff dann auf und lief durch den Raum. Hierbei blickte er die Spielsachen aufmerksam an, berührte jedoch nichts. Es fiel über die gesamte Verhaltensbeobachtung auf, dass Jeff häufig seine Finger oder seine Hand für längere Zeit in den Mund nahm.

Interaktionsbeschreibung: Anschließende strukturierte Sequenzen mit direkter Instruktion

Teaching Task mit der Instruktion: „Bringen Sie Ihrem Kind etwas bei, das es noch nicht kann."

Der Kindesvater verlieb in sitzender Haltung und gab an, dass ihm zu dieser Aufgabe nichts einfalle. Jeff lief währenddessen ziellos durch das Untersuchungszimmer, Interaktionsverantwortung übernahm der Kindesvater keine. Teilweise blieb Jeff stehen, er beschäftigte sich jedoch nicht mit den im Raum vorhandenen Spielsachen. Auf die Explizierung der Instruktion, der Kindesvater möge Jeff zum Nachahmen eines einfachen Klatschrhythmus animieren, stand der Kindesvater auf und nahm Jeff auf den Arm. Jeff erwiderte die Umarmung nicht und blieb in seiner Körperhaltung schlaff. Auch auf die folgende Spielaufforderung durch den Kindesvater zeigte Jeff keine Reaktion. Er ließ den Kindesvater gewähren, der ihm zunächst die Hände zusammenklatschte und ihn dann auf den Knien reiten ließ. Jeff beteiligte sich nicht am Spiel, verblieb in schlaffer Körperhaltung und blickte am Kindesvater vorbei. Der Kindesvater reagierte in erhobenem Tonfall mit den Worten „... mach mal richtig mit" und zog Jeff dabei die Finger, die Jeff sich in den Mund gesteckt hatte, heraus. Der Kindesvater veränderte im nächsten Satz deutlich den Tonfall und ermunterte Jeff mit den Worten „... du brauchst keine Angst haben, du kannst das!" zur Kooperation. Jeff zeigte weiterhin keine Reaktion auf der Verhaltensebene, sondern ließ den Kindesvater gewähren und verblieb passiv auf dem Schoß des Kindesvaters sitzen. Als der Kindesvater anschließend versuchte, durch spielerisches Hochwerfen Jeffs seine Aufmerksamkeit zu erlangen, hielt Jeff sich die Hände vor die Augen und wandte sich in seiner Körperhaltung von dem Kindesvater ab. Der Kindesvater kommentierte dies mit den Worten „... bist du müde?".

Trennungssituation mit der Instruktion: „Verlassen Sie für eine Minute den Raum."

Der Kindesvater verließ kommentarlos den Raum, ohne sich von Jeff zu verabschieden und schloss die Tür von außen. Jeff folgte dem Kindesvater nicht mit seinem Blick, sondern beschäftigte sich weiter mit dem Spielzeug in seiner Hand. Nach einigen Sekunden atmete er mehrere Male laut ein, sonst zeigte sich zunächst keine Verhaltensänderung im Vergleich zur vorigen Spielsituation in Anwesenheit des Kindesvaters. Jeff stand dann auf, lief in die andere Ecke des Raumes und setzte sich hinter einen Kinderstuhl. Hier begann er, sich seine Schuhe anzuziehen. Dieses Verhalten unterbrach er mehrfach, indem er sich flach in Bauchlage auf den Boden legte, sich dann jeweils wieder aufsetzte und die Schuhe weiter anzog. Als der Kindesvater den Raum mit den Worten „... na, was machst du jetzt" wieder betrat, zeigte Jeff zunächst keine verbale, mimische oder gestische Reaktion, die sich an den Kindesvater richtete, sondern „fror" in seinem Verhalten „ein", verharrte am Boden mit seinem Schuh in der Hand und blickte starr in eine Zimmerecke. Der Kindesvater lief dann zu Jeff und äußerte verbal, ihm zu helfen, die Schuhe anzuziehen. Die in diesem Kontext initiierte Aufnahme von Körperkontakt durch den Kindesvater wehrte Jeff ab, indem er sich wegdrehte, seinen Arm wegzog, aufstand, einige Schritte wegging, dann abrupt stehenblieb, sich umdrehte und auf den Kindesvater zulief. Der Kindesvater fragte Jeff hierauf, ob er müde sei oder er seine Windel wechseln solle.

Interaktionsbewertung (auf Basis der Konstruktfacetten nach Jacob):

Kind

Ausdrücken eigener Bedürfnisse	kaum beobachtet
Ausdrücken von Irritation, Spannung, Stress	zeigt sich in Vermeidungsverhalten und Ausweichtendenzen, Spannungsabbau durch Saugen an Hand/Fingern
Einwerben von Hilfe	nicht beobachtet
Affektregulation	zeigt keine adaptiven Strategien zur Auflösung negativer Emotionalität; keine Inanspruchnahme des Kindesvaters als sichere Basis zur Auflösung negativer Emotionalität; zeigt kurze, widersprüchliche und unterbrochene Verhaltensweisen als Reaktion auf Trennungssituation
Impulskontrolle	zeigt kaum Impulse
Selbstreflexion, Selbsterleben, Selbstverbalisieren	altersbedingt begrenzte Erfassbarkeit
vom Kind initiierte Reziprozität	nicht beobachtet

Vater

Rahmung und Strukturgebung	kaum beobachtet
Freiraum für Exploration	viel Freiraum, hingegen kaum Anleitung und Übernahme von Interaktionsverantwortung
Vermittlung von Sicherheit	kaum beobachtet, widersprüchliche Verhaltensweisen
Erleichterung der affektiv-integrativen Verhaltensregulation	kaum beobachtet, situativ wird die kindliche Verhaltensregulation erschwert durch widersprüchliche väterliche Verhaltensweisen
Regulationshandlungen zur Befriedigung kindlicher Bedürfnisse	nicht beobachtet
Förderung selbstregulativer Handlungen des Kindes	nicht beobachtet
…	…

> **Bewertung der Beziehungsqualität:**
>
> In Bezug auf Jeffs Beziehung zu dem Kindesvater zeigte sich insgesamt in der Interaktion wenig wechselseitiger emotionaler Austausch. Jeff zeigte sich teilweise in seinen Körperbewegungen eingeschränkt, in seiner Mimik und im Blickkontakt verarmt, zeigte plötzliches Sich-Abwenden und kaum verbale Äußerung. Er zeigte insgesamt wenig Explorationsverhalten und ein deutlich eingeschränktes Handlungsspektrum. Jeff nutzte den Kindesvater nicht als sichere Basis zur Regulierung negativer Emotionalität und wehrte ein Unterstützungsangebot durch den Kindesvater ab. Jeff wurde in seinem Interaktionsverhalten insgesamt als in hohem Maße auffällig erlebt. Sein Sozialverhalten kann nicht als altersentsprechend eingeschätzt werden.
>
> Die Übernahme von Interaktionsverantwortung sowie die Strukturgebung im väterlichen Interaktionsverhalten können als deutlich eingeschränkt bewertet werden. Es zeigten sich Defizite hinsichtlich der väterlichen Feinfühligkeit, inkl. Regulationshandlungen, Förderung selbstregulativer Fähigkeiten, Vermittlung von Sicherheit sowie gleichzeitig stressinduzierendes Verhalten aufseiten des Kindesvaters. Es konnten insgesamt deutliche Einschränkungen in der Passung des kindlichen und väterlichen Interaktionsverhaltens festgestellt werden.

Strukturierte Durchführung und Auswertung von Interaktionen

Zur strukturierten Durchführung wie auch Auswertung von Interaktionen zwischen einem Kind und einem Erwachsenen wird in der deutschsprachigen Begutachtungspraxis häufig die *Heidelberger Marschak-Interaktionsmethode* (H-MIM; Franke & Schulte-Hötzel, 2019) verwendet. Im Rahmen der H-MIM werden diagnostisch relevante Verhaltensweisen durch spezifische Aufgaben evoziert, die angepasst an die Altersstufe des Kindes (Kleinkinder, Kindergartenkinder, Schulkinder, Jugendliche) durch die Diagnostikerin/den Diagnostiker ausgewählt werden können und den Eltern in Form von kurzen Instruktionen präsentiert werden (z. B. „Erzählen Sie Ihrem Kind, wie es sprechen gelernt hat."; „Verlassen Sie für eine Minute den Raum."). Die Aufgaben können den Skalen Emotionalität, Führung und Umgang mit Stress zugeordnet werden. Die Interaktionssequenzen können (im Einverständnis mit den Beteiligten) durch Videoaufnahmen begleitet werden, um später Mikroanalysen vornehmen zu können. Das Durchführungsmanual enthält Vorschläge zur Dokumentation und Auswertung der Interaktionsbeobachtungen, die jedoch einen wesentlichen Anwendungsspielraum offenlassen.

Der Einsatz der H-MIM-Aufgaben eignet sich grundsätzlich, um Interaktionssequenzen mit verschiedenen Elternteilen einheitlich zu strukturieren und somit die Vergleichbarkeit zu erhöhen. Die jeweiligen kindlichen Verhaltensweisen können so situationsspezifisch in der Interaktion mit dem jeweiligen Elternteil gegenübergestellt werden. Wissenschaftliche Untersuchungen über die Objektivität, Reliabilität und Validität der auf Basis des Verfahrens gewonnenen Erkenntnisse liegen jedoch bislang nicht vor. Ebenso existieren keine Normwerte, was die Einsetzbarkeit für die Begutachtung hauptsächlich auf die Verwendung der Aufgaben als Anregung für die Strukturierung von Interaktionssequenzen einschränkt (vgl. hierzu auch Hommers, 2019).

Wissenschaftlich evaluierte Interaktionsbeobachtungsverfahren zur Erkennung von Misshandlungsrisiken

In einer systematischen Literaturrecherche in Fachdatenbanken identifizierten Zumbach, Oster, Rademacher und Koglin (2020) weitere strukturierte Beobachtungsverfahren für Eltern-Kind-Interaktionen in der internationalen Literatur, die für die Einschätzung elterlicher Verhaltensweisen im Rahmen von Kinderschutzverfahren hinsichtlich ihrer Praktikabilität und psychometrischen Qualität geeignet sind. Es wurden systematisch Studien identifiziert, in denen spezifische Beobachtungsverfahren zur Erkennung von Misshandlungsrisiken im Elternverhalten eingesetzt wurden. Tabelle 7 liefert eine Übersicht über die so ermittelten Verfahren, einschließlich der vorgesehenen Altersbereiche der Kinder, der erfassten Konstrukte, der inkludierten Subskalen sowie der Strukturierungsaufgabe der Beobachtungssequenz. Angaben zu den Gütekriterien der einzelnen Verfahren finden sich in Tabelle 8.

Zusammenfassend zeigen die Ergebnisse dieser Literaturrecherche auf, dass keines der identifizierten Interaktionsbeobachtungsverfahren breite Akzeptanz in der Begutachtung von Kindeswohlgefährdungsrisiken erlangt hat. Die Ergebnisse des systematischen Reviews verdeutlichen, dass die Auswahl eines geeigneten Beobachtungsverfahren nicht generalisierbar ist, da die Geeignetheit des Verfahrens wesentlich von der konkreten gerichtlichen Fragestellung sowie der Fallkonstellation und dem Alter des Kindes abhängt.

Zwei der Verfahren (*Child-Adult Relationship Experimental Index*, CARE-Index; Crittenden, 2004; *Psychological Maltreatment Rating Scales*, PMRS; Brassard, Hart & Hardy, 1993) wurden explizit für die Erfassung von Misshandlungsrisiken im Elternverhalten entwickelt. Die weiteren Verfahren wurden ursprünglich für verschiedene Kontexte der Interaktionsbeobachtung entwickelt. Mit jedem der gefundenen Verfahren konnten jedoch signifikante Unterschiede im Elternverhalten zwischen Gruppen mit hohem Risiko für Kindesmisshandlung und Gruppen ohne oder mit niedrigem Risiko für Kindesmisshandlung aufgedeckt werden.

Tabelle 7: Beobachtungsverfahren zur Erkennung von Misshandlungsrisiken im Elternverhalten (vgl. Zumbach, Oster et al., 2020)

Beobachtungsschema	Autor (Jahr)	Altersbereich	Erfasstes Konstrukt	Dimensionen	Subskalen	Strukturierungsaufgabe
Child-Adult Relationship Experimental Index (CARE-Index)	Crittenden (2004, 2006)	0–15 Monate (Kleinkind-Version: 15–30 Monate)	Mütterliche Feinfühligkeit	Mutter: • Feinfühligkeit • Kontrolle • Unresponsivität	Mutter: • Mimik • Stimmausdruck • Position und Körperkontakt • Ausdruck von Zuneigung • Wendungen in der Interaktion • Am Entwicklungsstand orientierte Angemessenheit der Aktivität	3 Minuten freies Spiel in klinischem/ experimentellem Setting
			Kindliches Interaktionsverhalten	Kind: • Kooperativität • Überangepasstheit • Schwieriges Verhalten (Kleinkind-Version: Zwingendes Verhalten) • Passivität (Kleinkind-Version: Entwaffnendes Verhalten)	Kind: • Mimik • Stimmausdruck • Position und Körperkontakt • Ausdruck von Zuneigung • Wendungen in der Interaktion • Am Entwicklungsstand orientierte Angemessenheit der Aktivität	
Coder Impressions Inventory (CII)	Capaldi & Patterson (1989)	Nicht begrenzt	Elternverhalten		Elternteil: • Wärme • Angemessene Disziplin • Harsche Disziplin • Physische Disziplin	Kodiert für den generellen Eindruck nach einer Interaktionsbeobachtung

Tabelle 7: Fortsetzung

Beobachtungs-schema	Autor (Jahr)	Alters-bereich	Erfasstes Konstrukt	Dimensionen	Subskalen	Strukturierungs-aufgabe
			Kind-verhalten		Kind: • Wärme gegenüber Elternteil • Noncompliance gegenüber Elternteil	
Dyadic Parent-Child Interaction Coding System II (DPICS II)	Eyberg, Bessmer, Newcomb, Edwards & Robinson (1994)	3–7 Jahre	Eltern-Kind-Interaktion	Maß an elterlicher Kontrolle	Elternteil: 27 Elternverhaltensweisen	Pro Sequenz 5 Minuten Aufwärmphase, 15 Minuten kindgeleitetes Spiel, elterngeleitetes Spiel und Aufräumen
			Abweichen des Kind-verhalten	Anforderungen an kindliche Compliance	Kind: 25 kindliche Verhaltensweisen	
Maternal Behavior Q-Sort (MBQS)	Pederson, Moran & Bento (1999)	6–42 Monate	Mütterliche Feinfühligkeit		90 Items zur Erfassung mütterlicher Feinfühligkeit gegenüber dem Kind	2–4 Stunden freie Interaktionsbeobachtung im natürlichen Setting
Parent/Caregiver Involvement Scale (P/CIS)	Farran et al. (1986)	3–60 Monate	Elterliches Involvement	Elternteil: • Anzahl • Qualität • Angemessenheit	Elternteil: • Physisches Involvement • Verbales Involvement • Responsivität • Interaktion im Spiel • Teaching • Kontrolle des kindlichen Verhaltens • Positive Äußerungen • Negative Äußerungen	30 Minuten freies Spiel in einem natürlichen Setting

Tabelle 7: Fortsetzung

Beobachtungs-schema	Autor (Jahr)	Alters-bereich	Erfasstes Konstrukt	Dimensionen	Subskalen	Strukturierungs-aufgabe
Parent-Child Interaction Procedure	Heller et al. (1998)	12–60 Monate	Eltern-Kind-Beziehung	Elternverhalten	<ul><li>Anweisungen</li><li>Zielsetzung</li><li>Förderung der Beziehung durch gemeinsame Aktivität</li></ul> Elternteil:<ul><li>Emotionale Responsivität</li><li>Behaviorale Responsivität</li><li>Positiver Affekt</li><li>Reizbarkeit</li><li>Rückzug/Gleichgültigkeit</li><li>Aggression gegenüber Kind</li></ul>	Crowell Procedure mit sieben verschiedenen Aufgaben (insgesamt 30–45 Minuten)
				Kindverhalten	Kind:<ul><li>Positiver Affekt</li><li>Rückzug/Gleichgültigkeit</li><li>Reizbarkeit/Ärger</li><li>Noncompliance</li><li>Aggression gegenüber Elternteil</li><li>Persistenz</li><li>Begeisterung für die Aufgabe</li></ul>	

Tabelle 7: Fortsetzung

Beobachtungs-schema	Autor (Jahr)	Alters-bereich	Erfasstes Konstrukt	Dimensionen	Subskalen	Strukturierungs-aufgabe
Psychological Maltreatment Rating Scales (PMRS)	Brassard et al. (1993)	5–9 Jahre	Psychische Misshandlung und Vernachlässigung	Elternteil: • Misshandelnde Verhaltensweisen • Positives Elternverhalten	Elternteil: • Zurückweisen • Terrorisieren • Ausbeuten/Korrumpieren • Verweigerung emotionaler Responsivität • Isolieren • Qualität der Instruktionen • Unterstützende Präsenz • Respektieren der kindlichen Autonomie • Strategien zur Aufrechterhaltung der Beteiligung an der Aufgabe • Emotionale Responsivität zur Aufgabe • Psychischer Zustand • Körperkontakt Interaktion: • Erfahrung gemeinsamen Vergnügens • Harmonie der Bewegungen	15 Minuten Teaching Task

Tabelle 7: Fortsetzung

Beobachtungs-schema	Autor (Jahr)	Alters-bereich	Erfasstes Konstrukt	Dimensionen	Subskalen	Strukturierungs-aufgabe
Qualitative Ratings for Parent-Child Interaction	Cox (1997)	Nicht begrenzt	Elterliche Erziehung		Elternteil: • Wertschätzung des Kindes • Geringschätzung des Kindes • Feinfühligkeit • Teilnahmslosigkeit • Intrusivität • Flachheit des Affekts	30 Minuten: freies Spiel, Aufräumen, Teaching Task
Standardized Observation Codes (SOC III)	Cerezo, Keesler, Dunn & Wahler (1986)	Nicht begrenzt	Elterliche Interaktion mit dem Kind	• Valenz • Frequenz • Dauer • Sequenz	Elternteil (Interaktion): • Annäherung • Anweisung • Compliance • Widerstand Elternteil (keine Interaktion): • Keine Reaktion	60 Minuten freie Interaktion in natürlichem Setting
			Kind-verhalten		Kind (Interaktion): • Annäherung • Anweisung • Compliance • Widerstand Kind (keine Interaktion): • Spiel • Arbeit • Auszeit	

Tabelle 7: Fortsetzung

Beobachtungs-schema	Autor (Jahr)	Alters-bereich	Erfasstes Konstrukt	Dimensionen	Subskalen	Strukturierungs-aufgabe
Structural Analysis of Social Behavior (SASB)	Benjamin (1974)	Nicht begrenzt	Transitiv (elterliches Verhalten)	• Wärme • Grad der Abhängigkeit	• Regelbruch • Keine Aktion • Compliance Elternteil: • Emanzipieren vs. Kontrollieren • Bekräftigen vs. Tadeln • Aktive Liebe vs. Angriff • Schützen vs. Isolieren	Verschiedene Arten von gemeinsamen Aufgaben und Teaching Tasks
			Intransitiv (kindliches Verhalten)	• Wärme • Grad der Abhängigkeit	Kind: • Trennen vs. Entgegenkommen • Offenbaren vs. Schmollen • Reaktive Liebe vs. Verteidigung • Vertrauen vs. Rückzug	
			Introjektion	• Wärme • Grad der Abhängigkeit	• Selbst-Emanzipation vs. Selbstkontrolle • Selbstbestätigung vs. Selbstvorwürfe • Aktive Selbstliebe vs. Selbst-Angriff • Selbstschutz vs. Selbst-Vernachlässigung	

Basierend auf den Ergebnissen der systematischen Literaturrecherche zu den psychometrischen Eigenschaften der Beobachtungsverfahren (siehe Tabelle 8) können vorsichtige Empfehlungen für den Einsatz spezifischer Beobachtungsverfahren in der Begutachtungspraxis gezogen werden: Bei dem *CARE-Index* handelt es sich um ein valides und spezifisch für diesen Kontext entwickeltes Verfahren, das elterliche Verhaltensweisen, die auf ein erhöhtes Risiko für Kindesmisshandlung hinweisen, identifizieren kann. Darüber hinaus erfordern mit dem CARE-Index kodierte Interaktionen eine Beobachtungssequenz von nur drei bis fünf Minuten und das freie Spiel ist wenig invasiv und weitgehend stressfrei für Kind und Eltern. Gerade im Begutachtungskontext ist dies ein Vorteil, da die Beobachtung dadurch nicht nur ökonomisch ist, sondern auch mehrfach und mit verschiedenen Interaktionspartnern wiederholt werden kann. Die psychometrische Qualität und die Spezifität des CARE-Index sprechen für seine diagnostische Anwendbarkeit im Kontext der Kindeswohlgefährdung. Es ist jedoch zu beachten, dass die Anwendung des CARE-Index eine umfangreiche Ausbildung erfordert und die kindlichen Altersbereiche, für die das Verfahren geeignet ist, stark eingeschränkt sind.

CARE-Index

Die *Parent/Caregiver Involvement Scale* (P/CIS, Farran, Kasari, Comfort & Jay, 1986) und die *Psychological Maltreatment Rating Scales* (PMRS; Brassard et al., 1993) erfassen konkret das elterliche „Involvement" (P/CIS) bzw. psychische Misshandlung (PMRS), was für ihre Anwendbarkeit bei einigen spezifischen psychologischen Fragestellungen im Begutachtungskontext spricht. Da die P/CIS das Konstrukt „Involvement" erfasst, könnte es ein valider Ansatz sein, um vernachlässigende Eltern gezielt zu identifizieren, aber möglicherweise nicht, um die gesamte Bandbreite misshandelnden Verhaltens aufzudecken. Signifikante Zusammenhänge zwischen Vernachlässigung und „Involvement" werden in der Forschung immer wieder gefunden und „Involvement" scheint ein zuverlässiger Prädiktor für Vernachlässigung zu sein, aber weniger für physische oder psychische Misshandlung (Wilson, Rack, Shi & Norris, 2008). Die PMRS wurden speziell entwickelt, um psychische Misshandlungen zu erfassen (und sind somit auch auf die Erfassung dieser spezifischen Form der Misshandlung limitiert). In Evaluationsstudien konnten knapp über 80 % der Mutter-Kind-Dyaden als psychisch misshandelnd vs. nicht misshandelnd korrekt klassifiziert werden (Brassard et al., 1993). Sensitivität (.92) und Spezifität (.71) des Verfahrens sind als zufriedenstellend einzuschätzen. Allerdings bedürfen Reliabilität und Validität der PMRS weiterer Untersuchung in der zukünftigen Forschung.

Verfahren zur Erfassung spezifischer Konstrukte

Die weiteren Verfahren, die in der systematischen Literaturrecherche identifiziert wurden und in den Tabellen 7 und 8 aufgeführt werden, sind teilweise gut validiert, zeigen individuelle Stärken und können sich im Einzelfall im Begutachtungskontext zum Einsatz anbieten, werden allerdings von Zumbach, Oster et al. (2020) insgesamt als zu unspezifisch zur Erfassung von Kindeswohlgefährdungsrisiken im Elternverhalten bewertet.

Tabelle 8: Psychometrische Qualität der Beobachtungsverfahren zur Erkennung von Misshandlungsrisiken im Elternverhalten (vgl. Zumbach, Oster et al., 2020)

Beobachtungsschema	Reliabilität	Validität	Zusätzliche Informationen
Child-Adult Relationship Experimental Index (CARE-Index)	• *Test-Retest-Reliabilität* (Kleinkind-Version; Künster, Fegert & Ziegenhain, 2010): $r = .40$ ($M = 2.6$ Monate) • *Interrater-Reliabilität*: $\alpha = .84–.95$ (Azar, Paquette, Zoccolillo, Baltzer & Tremblay, 2007); $\kappa = .80–.83$ für mütterliche Feinfühligkeit; $\kappa = .81–.90$ für kindliche Kooperativität (Kemppinen, Kumpulainen, Raita-Hasu, Moilanen & Ebeling, 2006); 80 % Übereinstimmung für alle Skalen; ICC = .90 für mütterliche Feinfühligkeit (Kenny, Conroy, Pariante, Seneviratne & Pawlby, 2013); ICC = .93 für mütterliche Feinfühligkeit (Kleinkind-Version; Künster et al., 2010); $\kappa = .73$ für mütterliche Feinfühligkeit (Leventhal, Jacobsen, Miller & Quintana, 2004; Mullick, Miller & Jacobsen, 2001); $\kappa = .91$ für Verhalten der Mutter, $\kappa = .87$ für Kindverhalten (Ostler, 2010); $r = .83–.90$, abhängig von Gruppen (Svanberg, Mennet & Spieker, 2010)	• *Inhaltsvalidität*: Basiert auf der Bindungstheorie, Eltern- und Kindverhalten werden in dyadischem Framework beurteilt (Crittenden, 1981, 2005) • *Konvergente Validität*: Hohe Korrelationen zwischen mütterlichen CARE-Index-Scores und Kindverhalten (Ostler, 2010). Hohe Korrelationen zwischen vorhergesagter Misshandlung nach sozioökonomischen Status und nach CARE-Index (Crittenden, 1981). Hohe Korrelationen zwischen CARE-Index und Bindungssicherheit des Kindes auf dem PAA (Kleinkind-Version; Künster et al., 2010). Korrelationen zwischen CARE-Index und dem POQ (Leventhal et al., 2004). Korrelationen zwischen den CARE-Index-Scores und dem Risiko für Kindesmisshandlung (Ostler, 2010). • *Diskriminante Validität*: Hohe negative Korrelationen zwischen mütterlicher Unresponsivität und mütterlicher Kontrolle, zwischen Schwierigkeit des Kindes und Passivität des Kindes und zwischen drängendem Kindverhalten und kindlicher Passivität (Kenny et al., 2013)	Die Kodierung mit dem CARE-Index erfordert eine umfassende Schulung; qualifizierte Rater müssen 100 bis 150 Sitzungen kodieren, bevor sie reliable Ergebnisse erzielen (Crittenden, 2005; Künster et al., 2010).

Tabelle 8: Fortsetzung

Beobachtungs-schema	Reliabilität	Validität	Zusätzliche Informationen
Coder Impressions Inventory (CII)	• *Interne Konsistenz:* α = .91 für unterstützendes Elternverhalten; α = .88 für harsches Elternverhalten; α = .84 für angemessene Disziplin (Hurlburt, Nguyen, Reid, Webster-Stratton & Zhang, 2013); α = .67 für positiven Affekt des Kindes (Hurlburt et al., 2013); für Risikostichproben: α = .73–.86 je nach Subskala; α = .06 für physische Disziplin; für Normstichprobe α = .69–.84 je nach Subskala; α = .31 für physische Disziplin (Rains, 2003)	• *Differentielle Validität:* Signifikante Unterschiede zwischen normativen und Risikostichproben für Wärme der Eltern, harsche Disziplin, Wärme des Kindes gegenüber den Eltern und kindliche Noncompliance (Rains, 2003)	
Dyadic Parent-Child Interaction Coding System II (DPICS II)	• *Interrater-Reliabilität:* r = .91 für Elternverhalten, r = .92 für Kindverhalten (Robinson & Eyberg, 1981); κ = .49–.90 für Elternverhalten, κ = .52–.96 für Kindverhalten, über verschiedene Aufgabentypen hinweg für klinische und nicht klinische Stichproben (Bessmer, 1996); κ = .62–.86 für Elternverhalten und κ = .60–1.00 für Kindverhalten (Foote, 1999)	• *Konvergente Validität:* Korrelationen des DPICS II mit Subskalen des ECBI, PLOC-SF und PSI (Bessmer, 1996; Foote, 1999) • *Diskriminante Validität:* Signifikante Unterschiede zwischen klinischer und nicht klinischer Stichprobe (Bessmer, 1996; Foote, 1999) • *Differentielle Validität:* Signifikante Unterschiede zwischen DPICS II-Scores für Kinder mit und ohne Verhaltensprobleme (Robinson & Eyberg, 1981)	

Tabelle 8: Fortsetzung

Beobachtungs-schema	Reliabilität	Validität	Zusätzliche Informationen
Maternal Behavior Q-Sort (MBQS)	• *Interrater-Reliabilität*: r = .97 (Moran, Pederson, Pettit & Krupka, 1992); r = .75 (Pederson, Moran, Sitko, Campbell, Ghesquire & Acton, 1990); r = .91 für Mütter von 6 Monate alten Kindern; r = .86 für Mütter von 10 Monate alten Kindern (Tarabulsy et al., 2008) • *Test-Retest-Reliabilität* (4 Monate): r = .43 (Tarabulsy et al., 2008)	• *Inhaltsvalidität*: Basiert auf Bindungstheorie (Tarabulsy et al., 2009) • *Konvergente Validität*: Korrelationen mit Ainsworth-Skalen, HOME, Bromwich-Skala und Bindungssicherheit (Moran et al., 1992); Korrelationen mit Ainsworth-Skala und Bindungssicherheit (Pederson et al., 1990); Korrelationen mit Fremdeinschätzung und Einschätzung der Mutter der kindlichen Bindungssicherheit, negative Korrelation mit psychosozialen Risikofaktoren (Tarabulsy et al., 2008) • *Diskriminante Validität*: Niedrige Korrelationen mit Alter der Mutter, Familieneinkommen, väterlichem beruflichem Status (Pederson et al., 1990)	
Parent/Caregiver Involvement Scale (P/CIS)	• *Interne Konsistenz*: r = .53–.92, je nach Subskala (vgl. Munson & Odom, 1996); α = .92 (Unger et al., 2004) • *Interrater-Reliabilität*: In drei verschiedenen Stichproben untersucht, je nach Dimension: r = .86 (Anzahl); r = .77 (Qualität); r = .73 (Angemessenheit; Farran et al., 1986); Werte für sechs verschiedene Rater: r = .94 (Anzahl); r = .92 (Qualität); r = .88 (Angemessenheit; Carlile & Holstrum, 1989); r = .88 für zwei verschiedene Rater (Unger, Tressell, Jones & Park, 2004)	n.a.	Kann in einem natürlichen oder Labor-Setting durchgeführt werden und kann sowohl auf Videoaufnahmen als auch auf Live-Beobachtungen basieren. Scoring dauert weniger als 10 Minuten. Valide Kurzform verfügbar (Taylor & Bergin, 2019).

Tabelle 8: Fortsetzung

Beobachtungs-schema	Reliabilität	Validität	Zusätzliche Informationen
Parent-Child Interaction Procedure	• *Interne Konsistenz*: α = .80 für Elternskalen; α = .88 für Kindskalen (Loop, Mouton, Brassart & Roskam, 2017) • *Interrater Reliabilität*: κ = .92 in 25 % der Stichprobe (Loop et al., 2017); r = .71–.84 je nach Subskala (Robinson, Sheffield, Scott Heller, Scheeringa, Boris & Smyke, 2009) • *Test-Retest-Reliabilität* (8 Wochen): r = .12–.57 für Kindskalen, je nach Subskala; r = .28–.45 für Elternskalen, je nach Subskala (Loop et al., 2017)	• *Inhaltsvalidität*: Adaptation der Crowell Procedure (Crowell & Feldman, 1988; Loop et al., 2017) • *Konvergente Validität*: Signifikante Korrelationen der Kindskalen und von externalisierendem Verhalten des Kindes (erfasst mit CBCL; Loop et al., 2017); signifikante Korrelationen der Elternskalen mit Kontrollskalen des EPEP-PPSF (Loop et al., 2017) • *Differentielle Validität*: Signifikante Unterschiede der Kindskalen zwischen entwicklungsunauffälligen Kindern und Kindern mit externalisierender Verhaltensstörung (Loop et al., 2017); signifikante Unterschiede der Elternskalen zwischen Eltern von entwicklungsunauffälligen Kindern und Eltern von Kindern mit externalisierender Verhaltensstörung (Loop et al., 2017)	

Tabelle 8: Fortsetzung

Beobachtungs-schema	Reliabilität	Validität	Zusätzliche Informationen
Psychological Maltreatment Rating Scales (PMRS)	• *Interrater-Reliabilität:* $r = .72–.94$ (Brassard et al., 1993) • *Test-Retest-Reliabilität* (2 Wochen): Übereinstimmung zwischen 46 % (Verweigerung emotionaler Responsivität) und 100 % (Terrorisieren), je nach Subskala (Brassard et al., 1993)	• *Differentielle Validität:* Signifikante Unterschiede zwischen misshandelter und nicht misshandelter Stichprobe; Vorhersage von Misshandlung mit Sensitivität $= .92$ und Spezifität $= .71$ (Brassard et al., 1993)	
Qualitative Ratings for Parent-Child Interaction	• *Interne Konsistenz:* $\alpha = .78$ (Haskett, Allaire, Kreig & Hart, 2008; Sabourin Ward & Haskett, 2008); $.71$ für flachen Affekt (Milojevich & Haskett, 2018) • *Interrater-Reliabilität:* $ICC = .73–.94$ je nach Subskala (Haskett, Neupert & Okado, 2013; Haskett, Smith Scott & Sabourin Ward, 2004); $ICC = .79$ in 25 % der Stichprobe (Milojevich & Haskett, 2018); $\kappa = .80$ in 30 % der Stichprobe (Haskett et al., 2008; Sabourin Ward & Haskett, 2008)	n. a.	
Standardized Observation Codes (SOC III)	• *Interrater-Reliabilität:* $\kappa = .57–.70$ (in Vater-Kind-Dyaden); $\kappa = .63–.83$ für die einzelnen Codes, $ICC = .98$ (aversive Reaktion der Mutter) und $ICC = .99$ (positive Reaktion der Mutter; Cerezo & D'Ocon, 1995); $\kappa = .55–.75$ (Kinder mit Verhaltensproblemen; Keesler, 1987)	• *Inhaltsvalidität:* Basiert auf einem theoretischen Framework zu familiärer Interaktion und Kindern mit Verhaltensproblemen (Cerezo & D'Ocon, 1995) • *Differentielle Validität:* Signifikante Unterschiede zwischen Dyaden mit und ohne Misshandlung für aversives Verhalten des Kindes und Anweisungen der Mutter (Cerezo & D'Ocon, 1995)	Studien, die die Gütekriterien des SOC III untersuchen, sind nur in spanischer Sprache verfügbar.

Tabelle 8: Fortsetzung

Beobachtungs-schema	Reliabilität	Validität	Zusätzliche Informationen
Structural Analysis of Social Behavior (SASB)	• *Split-Half-Reliabilität*: mittlere Form .82, lange Form .76 (Benjamin, Rothweiler & Critchfield, 2006) • *Test-Retest Reliabilität*: Kurzform .79, mittlere Form .84, lange Form .87 (Benjamin et al., 2006)	• *Inhaltsvalidität*: Basiert auf theoretischem Framework zu Sozialverhalten (Benjamin, 1996; Benjamin et al., 2006) • *Konvergente Validität*: Faktorenanalyse zeigt hohe Übereinstimmung der Faktorladungen mit theoretischer Struktur (Benjamin et al., 2006)	SASB kann als Selbst- und Fremdbericht durchgeführt werden (Benjamin et al., 2006)

Anmerkungen: CBCL = Child Behavior Checklist; ECBI: Eyberg Child Behavior Inventory; EPEP-PPSF = Pratiques Educatives Parentales – Preschool and Primary School Form; HOME = Home Observation for Measurement of Environment; n.a. = nicht angegeben; PLOC-SF: Parental Locus of Control Scale-Short Form; PSI: Parenting Stress Index; POQ: Parent Opinion Questionnaire; PAA: Preschool Assessment of Attachment.

4.2.3 Verfahren zur Bindungsdiagnostik

Auswahl geeigneter Beobachtungsverfahren

In Bezug auf die Auswahl von Beobachtungsverfahren für den Begutachtungskontext ist somit zusammenfassend festzuhalten, dass diese angesichts des begrenzten Forschungsstandes eine erhebliche Herausforderung für psychologische Sachverständige darstellt. Zudem setzen valide und reliable Auswertungen jeglicher Beobachtungsverfahren in der Regel intensives Training und die Inanspruchnahme von entsprechenden Schulungen voraus.

Definition von Bindung

Wird konkret nach dem Konstrukt der Bindung des Kindes an die Bezugspersonen gefragt (z. B. im Rahmen der psychologischen Fragestellungen, manchmal aber auch bereits im Rahmen der gerichtlichen Fragestellungen), so sollte dieses Konstrukt auch anhand bindungsdiagnostischer Verfahren untersucht werden. Missverständnisse über den allgemeinsprachlichen und den wissenschaftlich-psychologischen Bindungsbegriff, v. a. im Austausch mit den nicht psychologischen Professionen, sollten in diesem Kontext geklärt bzw. Unterschiede sollten erläutert werden. Um als psychologische/r Sachverständige/r gerichtliche oder psychologische Fragestellungen bezüglich der kindlichen Bindung nachvollziehbar und transparent beantworten zu können, bedarf es eines fundierten wissenschaftlichen Grundverständnisses des Bindungsbegriffs. Dieser wissenschaftlich-psychologische Bindungsbegriff wird im Kasten zusammenfassend erläutert und liefert die Basis des bindungsdiagnostischen Vorgehens im Begutachtungsprozess.

> **Der wissenschaftlich-psychologische Bindungsbegriff**
>
> *Bindung* (attachment) im wissenschaftlich-psychologischen Kontext ist definiert als „die besondere Beziehung eines Kindes zu seinen Eltern oder Personen, die es beständig betreuen. Sie ist in den Emotionen verankert und verbindet das Individuum mit anderen, besonderen Personen über Raum und Zeit hinweg" (Ainsworth, 1973, in Übersetzung zitiert nach Grossmann & Grossmann, 2012, S. 16).
>
> Das *Bindungssystem* stellt somit ein biologisch angelegtes Verhaltenssystem (Steuerungssystem) dar. Bowlby (1979) spezifiziert, „es besteht die biologische Notwendigkeit, mindestens eine Bindung aufzubauen, deren Funktion es ist, Sicherheit zu geben und gegen Stress zu schützen. Eine Bindung wird zu einer erwachsenen Person aufgebaut, die als stärker und weiser empfunden wird, sodass sie Schutz und Versorgung gewährleisten kann" (Bowlby, 1979, in Übersetzung zitiert nach Grossmann & Grossmann, 2012, S. 55).
>
> Die *Bindungstheorie* beschreibt und erklärt, warum Menschen dazu tendieren, sich auf enge emotionale Beziehungen einzulassen und inwieweit die psychische

Gesundheit einer Person beeinflusst wird, wenn diese Beziehungen beeinträchtigt, unterbrochen bzw. beendet werden. Bindung bezieht sich in der Kindheit meistens auf Eltern/primäre Bezugspersonen. Die Bindungsperson soll nach Möglichkeit sowohl Schutz bieten als auch unterstützend wirken und dem Kind helfen, seine Emotionen zu regulieren, z. B. wenn ein Kind verunsichert oder traurig ist. Das Kind ist bemüht, in der schützenden Reichweite der Bindungsperson zu bleiben. Ist ein Kind geängstigt oder fühlt es sich bedroht, so werden negative Gefühle ausgelöst und es zeigt Bindungsverhalten (Grossmann & Grossmann, 2012; Lengning & Lüpschen, 2012).

Eine *Bindungsbeziehung* unterscheidet sich von anderen Beziehungen besonders darin, dass bei Angst das Bindungsverhalten aktiviert und die Nähe der Bindungsperson aufgesucht wird, wobei Erkundungsverhalten aufhört. *Bindungsverhalten* beschreibt die Verhaltensweisen, die darauf abzielen, die physische oder psychische Nähe zu Bindungspersonen herzustellen bzw. aufrechtzuerhalten (z. B. Rufen, Anklammern, Weinen, Hinkrabbeln, Hinlaufen, Protest, wenn die Bezugsperson das Kind absetzt/verlässt). Bindungsverhalten ist somit eine zu erlernende Fähigkeit. Erst wenn Kinder Sicherheit durch die Anwesenheit der Bezugsperson erlangen, ist es ihnen möglich zu explorieren, zu erkunden und zu spielen (Grossmann & Grossmann, 2012; Lengning & Lüpschen, 2012).

Bindung und *Exploration* stehen in deutlicher Beziehung zueinander: Die Bindungsperson dient dem Kind als sichere Basis (secure base), von der aus es seine Umwelt spielerisch erkunden und bei Unsicherheit zu ihr zurückkehren kann. Erfährt das Kind Unsicherheit, wird das Explorationsverhalten eingestellt und das Kind zeigt vermehrtes Bindungsverhalten. Bei Trennung/drohender Trennung wird das Kind protestieren und darum bemüht sein, die Nähe zu erhalten/wiederzuerlangen.

Das komplementäre System zum kindlichen Bindungsverhalten ist die elterliche Fürsorge *(Responsivität)*. Die elterlichen Reaktionen auf kindliche Signale beeinflussen die frühkindliche Bindungsentwicklung. Verhalten sich Eltern responsiv und damit feinfühlig, werden offene Gefühlsäußerungen der Kinder ermöglicht (z. B. Trauer, Ängstlichkeit, Ärger, aber auch glücklich sein). Responsivität bezeichnet das Ausmaß, in dem Bezugspersonen in der Lage sind, die Signale des Kindes wahrzunehmen und die Bereitschaft/Fähigkeit, darauf einzugehen (vgl. Gloger-Tippelt, Vetter & Rauh, 2000; Grossmann & Grossmann, 2012; Van Ijzendoorn & Kroonenberg, 1988; Lengning & Lüpschen, 2012).

Kinder können sich in ihrer *Bindungssicherheit* voneinander unterscheiden. Dies wird zum einen auf das Verhalten der Bezugsperson und zum anderen auf individuelle Dispositionen der Kinder zurückgeführt. Unterschiede in der Bindungssicherheit zeigen sich in unterschiedlichen Bindungsmustern. Verschiedene Bindungsmuster (sichere und unsichere Bindungsmuster) können auch als spezifische Muster der sozialen Emotionsregulation betrachtet werden. Eine sichere Bindung geht eher mit einer effektiven und eine unsichere Bindung eher mit einer ineffektiven Emotionsregulation einher (Ainsworth, 1973; Grossmann & Grossmann, 2012; Lengning & Lüpschen, 2012).

Bindungs-diagnostik

Es existieren verschiedene Verfahren zur Bindungsdiagnostik. Bindung kann entweder auf der Verhaltensebene (implizite Ebene) oder auf der Ebene der mentalen Repräsentation (explizite Ebene) erhoben werden, also entweder mittels Beobachtungsverfahren oder mittels Interviewverfahren. Die gewählte Ebene der Erhebung ist altersabhängig (so ist es bei kleinen Kindern schwierig, Auskunft über Bindungserfahrungen und deren Bewertung zu erheben; bei Erwachsenen ist es hingegen schwierig, Bindungsverhalten induziert zu beobachten).

Bindungs-diagnostik bei Säuglingen und Kleinkindern

Bei Säuglingen und Kleinkindern erfolgt die Bindungsdiagnostik auf der Verhaltensebene mittels Interaktionsbeobachtungen von Elternteil und Kind, meist unter Zuhilfenahme von Videoaufnahmen. Die Auswertung erfolgt anhand bindungsspezifischer Beobachtungsskalen mit dem Ergebnis einer qualitativen Einschätzung. Ainsworth und Wittig (1969) entwickelten mit der „Fremden Situation" die klassische Laborbeobachtungsmethode zur Erfassung der Bindungsmuster im Alter von 11 bis 20 Monaten. Die Kinder werden anhand der Fremden Situation Bindungsmustern zugeordnet: Sicher (B), Unsicher-vermeidend (A), Unsicher-ambivalent (C), Desorganisiert/Desorientiert (D).

Bindungs-diagnostik im Kindergarten- und Grundschulalter

Im Kindergarten- und Grundschulalter können Ergänzungsverfahren zur Bindungsdiagnostik eingesetzt werden. Hierbei handelt es sich beispielsweise um Puppenspiele, bei denen die Kinder aufgefordert werden, Geschichten mit bindungsrelevanten Situationen spielend zu ergänzen (z.B. *Geschichtenergänzungsverfahren*; Gloger-Tippelt & König, 2016) oder um bildgestützte Verfahren, bei denen die Kinder aufgefordert werden, zu Bildern, auf denen bindungsrelevante Situationen dargestellt sind (i.d.R. Trennungssituationen), Empfindungen und Ausgänge aus der Situation zu formulieren (*Separation Anxiety Test*; Main, Kaplan & Cassidy, 1985). Die Auswertung erfolgt auf Basis von Videoaufnahmen oder Transkriptionen.

Bindungs-diagnostik in der späten Kindheit sowie im Jugend- und Erwachsenenalter

In der späten Kindheit sowie im Jugend- und im Erwachsenenalter erfolgt die Bindungsdiagnostik anhand von halbstrukturierten Interviewverfahren, in denen Bindungserfahrungen anhand von konkreten autobiografischen Erlebnissen (z.B. Trennungserfahrungen) in der Kindheit durch die Befragten explizit thematisiert und bewertet werden (z.B. *Bindungsinterview für die späte Kindheit*; Zimmermann & Scheuerer-Englisch, 2003; *Child Attachment Interview*; Target et al., 2003; *Adult Attachment Interview*; George, Kaplan & Main, 2001). Die Auswertung der wörtlichen Transkripte erfolgt mithilfe eines Kodierungs- und Klassifikationssystems. Kodiert werden nicht die Erfahrungen selbst, sondern deren Verarbeitung und aktuelle Bewertung sowie die Kohärenz der präsentierten Lebensgeschichte. Inkohärente Aussagen werden bei der Auswertung als Hinweis auf unverarbeitete, negative Bindungserfahrungen gesehen. Tabelle 9 liefert einen Überblick über klassische Verfahren der Bindungsdiagnostik in den verschiedenen Altersbereichen.

Tabelle 9: Klassische Verfahren der Bindungsdiagnostik

Altersbereich	Erhebungsverfahren	Methodischer Zugang
0–20 Monate	• Fremde-Situations-Test (FST) für Kleinkinder (11–20 Monate; Ainsworth & Wittig, 1969) • Still-Face-Paradigma (ursprünglich 2–20 Wochen; Tronick, Als, Adamson, Wise & Brazelton, 1978; Tronick & Weinberg, 1990)	Beobachtungsverfahren
2;5–5;5 Jahre	• Fremde-Situations-Test (FST) für Kindergarten- und Vorschulkinder	
5–8 Jahre	• Geschichtenergänzungsverfahren zur Bindung 5- bis 8-jähriger Kinder (GEV-B; Gloger-Tippelt & König, 2016) • Separation Anxiety Test (SAT; Main et al., 1985)	Projektive Verfahren
8–14 Jahre	• Bindungsinterview für die späte Kindheit (BISK; Zimmermann & Scheuerer-Englisch, 2003) • Child Attachment Interview (CAI; Target et al., 2003)	Interviewverfahren (und projektive Verfahren)
Ab 16 Jahren	• Adult Attachment Interview (AAI), modifiziert für Jugendliche	
Ab 18 Jahren	• Adult Attachment Interview (AAI; George et al., 2001) • Adult Attachment Projective (AAP; George, West & Pettem, 1999)	

Kriterien für die Verfahrensauswahl stellen zum einen der Altersbereich des Kindes sowie Aspekte hinsichtlich der psychometrischen Güte des Verfahrens dar (Objektivität, Reliabilität, Validität). Zum anderen sind aber auch Schulung oder Training in der Anwendung des Verfahrens zentral. Um eine reliable Auswertung zu gewährleisten, sind bei fast allen Verfahren (z.B. FST, AAI, BISK) umfangreiche Trainings notwendig. Weiter ist zu beachten, dass besonders mit den auf (semi-)projektiven Verfahren basierenden Ergebnissen und deren Interpretation im Begutachtungskontext vorsichtig umgegangen werden sollte. Um diesem Aspekt gerecht zu werden, bietet sich beispielsweise eine Kombination verschiedener diagnostischer Ansätze (z.B. Beobachtungs- und Interviewverfahren) an.

Auswahl geeigneter Verfahren zur Bindungsdiagnostik

4.3 Testdiagnostik

Nach Schmidt-Atzert und Amelang (2018) handelt es sich bei einem psychologischen Test um eine Messmethode, mit der ein psychologisches Merkmal (oder mehrere Merkmale) erfasst werden sollen. Das Vorgehen ist stan-

Definition psychometrischer Tests

dardisiert und schließt die Erhebung einer Verhaltensstichprobe ein. Es wird davon ausgegangen, dass das zu messende Verhalten durch die spezifischen im Test realisierten Bedingungen hervorgerufen wird und seine Variation weitgehend auf die Variation des zu messenden Merkmals zurückzuführen ist. Ziel ist eine quantitative Aussage über die Ausprägung des Merkmals oder eine qualitative Aussage über das Vorhandensein oder die Art des Merkmals.

Auswahl geeigneter Testverfahren

In psychometrischen Modellen wird das beobachtbare Verhalten als Funktion eines nicht direkt beobachtbaren (latenten) Personenmerkmals und eines Itemmerkmals dargestellt. Merkmale werden somit in psychometrischen Modellen als latente Variablen definiert, die über beobachtbare Indikatoren messbar gemacht werden müssen (Eid & Schmidt, 2014). Nicht für alle Merkmale liegen jedoch Tests vor (Schmidt-Atzert & Amelang, 2018). Für die Diagnostik im Rahmen der familienrechtspsychologischen Begutachtung bedeutet dies, dass psychometrische Testverfahren dann eingesetzt werden können, wenn die für die Begutachtung entwickelten psychologischen Fragestellungen auf die Messung von Konstrukten abzielen, für die spezifische Tests vorliegen (z. B. sozial-emotionaler Entwicklungsstand). Dies ist jedoch bis dato nur für einige wenige familienrechtspsychologisch relevante Konstrukte der Fall (vgl. Hommers & Steinmetz-Zubovic, 2013; Salzgeber, 2015). Darüber hinaus stellt sich teilweise die Frage der Validität existierender Verfahren für die Anwendungssituation der Begutachtung, unter Berücksichtigung der Relation des individuellen Testwerts zu den verfügbaren Normierungs- und Validierungsstichproben (vgl. Kindler, 2018).

Einsatz psychologischer Tests in der familienrechtspsychologischen Begutachtung

Generell gilt für den Einsatz psychologischer Testdiagnostik in der familienrechtlichen Begutachtung, dass die Auswahl kriteriengeleitet unter Orientierung an den psychologischen Fragestellungen (vgl. Abschnitt 3.2) erfolgen muss, es existiert kein einheitlicher Standard für den Einsatz von Testverfahren in der familienrechtspsychologischen Begutachtung. Es spricht jedoch viel für einen systematischen Einsatz von Testverfahren in der Begutachtungspraxis, um Konstrukte multimethodal zu beleuchten. Zwar kann ein einzelner Test eine individuelle Beurteilung und Gewichtung der diagnostischen Ergebnisse zu den einzelnen Prüfkriterien nicht ersetzen, da ein Test immer nur ein Konstrukt oder sogar nur einen Teilbereich eines Konstrukts erfassen kann. Im Rahmen der Begutachtung sind aber immer mehrere Konstrukte zu prüfen. Der systematische Einsatz von Testverfahren kann zur Objektivierung und Validierung der Sachverständigeneinschätzung beitragen, weshalb an dieser Stelle für einen verstärkten Einsatz psychometrischer Verfahren in der Begutachtung plädiert wird.

4.3.1 Testdiagnostik mit Kindern

Bei der Auswahl geeigneter Testverfahren muss unterschieden werden, ob diese zur Prüfung kind- oder elternbezogener Konstrukte eingesetzt werden sollen. Tabelle 10 gibt einen Überblick über psychometrische Verfahren, die für den familienrechtspsychologischen Begutachtungskontext relevante Konstrukte bei Kindern messen und die in der Begutachtungspraxis Anwendung finden, einschließlich Hinweisen auf ihre psychometrische Güte und Normierung. Grundsätzlich bietet sich der Einsatz von Screening- und Fragebogenverfahren sowie von Verfahren zur Entwicklungsdiagnostik an. Die einzelnen Verfahren wurden in der folgenden Tabelle verschiedenen Konstrukten zugeordnet. Zudem sind Hinweise auf die Altersbereiche der Kinder zu entnehmen, innerhalb derer das jeweilige Verfahren eingesetzt werden kann. Es handelt sich um eine Auswahl durch die Autor_innen, die keinen Anspruch auf Vollständigkeit erhebt.

Die Darstellung von Testergebnissen im Gutachten sollte immer eine Beschreibung des Verfahrens und seiner Testgütekriterien enthalten. Hierbei muss dargelegt werden, was die Referenzgruppe ist, welche Standardwerte angegeben werden und wie diese skaliert sind. Die Angabe von Konfidenzintervallen wird ebenfalls empfohlen.

Die Auswahl von Testverfahren ist abhängig vom Einzelfall. Im Rahmen von Begutachtungen in Kinderschutzverfahren, in denen das Schädigungskriterium bewertet werden muss, ist eine systematische Entwicklungstestung allerdings in den meisten Fällen unerlässlich, besonders, wenn noch keine diesbezüglichen Befunde das Kind betreffend vorliegen. Darüber hinaus sind systematische Kenntnisse über den Entwicklungsstand des Kindes beispielsweise auch zur Einschätzung kindlicher Aussagen (z. B. bei der Bewertung des Kindeswillens) zentral.

Relevanz und Notwendigkeit psychometrischer Testung

Letztlich können in vielen familienrechtlichen Fallkonstellationen systematische Kenntnisse über den Entwicklungsstand des Kindes zur Validierung der anhand der verschiedenen methodischen Ansätze gesammelten Verfahren untereinander wichtig sein. Hierunter fallen das kognitive Leistungsvermögen eines Kindes, das sozial-emotionale Leistungsvermögen eines Kindes sowie die Fähigkeit, Emotionen richtig zu erkennen, adaptiv zu regulieren und soziale Konfliktsituationen zu erkennen und Handlungsstrategien zu deren Lösung abzurufen.

In Kasten 7 (S. 90) findet sich ein Beispiel für die Dokumentation der Testergebnisse eines Entwicklungstests (*Intelligence and Development Scales*, IDS; Grob, Meyer & Hagmann-von Arx, 2009) in einem Umgangsrechtsverfahren zur Frage des Aussetzens von Umgangskontakten mit dem getrenntlebenden

Tabelle 10: Überblick über im Begutachtungskontext einsetzbare psychometrische Verfahren für Kinder und Jugendliche nach Konstrukten (in alphabetischer Reihenfolge)

Verfahren Autor (Jahr)	Altersbereich	Normierung	Reliabilität	Validität
Verfahren zur Erfassung familiärer Beziehungen und Funktionen				
Elternbildfragebogen für Kinder und Jugendliche (EBF-KJ) Titze & Lehmkuhl (2010)	10–20 Jahre	$N = 1377$ Schüler aus Deutschland, der Schweiz und Österreich	*Interne Konsistenz:* $\alpha = .60-.85$ bei Schülern; $\alpha = .73-.90$ bei Patienten *Retest-Reliabilität* (7 Wochen): $r_{tt} = .65-.91$ bei Patienten	• *Konvergente Validität:* Zusammenhänge mit FEE und EMBU; Korrelationen mit ZKE in klinischer Stichprobe • *Konkurrente Validität:* Signifikante Zusammenhänge mit psychischen Problemen der Kinder erhoben mit YSR und CBCL/4-18; mit Lebensqualität erhoben mit ILK; mit elterlichen Konflikten erhoben mit CPIC • *Differentielle Validität:* Differentielle Korrelationsmuster zwischen verschiedenen klinischen Subgruppen (internalisierende/externalisierende Störungen)
Familiensystemtest (FAST) Gehring (1998)	Ab 6 Jahren	$N = 598$ Probanden aus amerikanischen Mittelschichtfamilien	*Retest-Reliabilität* (1 Woche): $r_{tt} = .47-.87$	• *Konvergente Validität:* Zusammenhänge mit FACES III und FES zwischen $r = .21$ und $r = .49$ • *Diskriminante Validität:* Keine signifikanten Korrelationen zwischen nicht analogen Dimensionen
Familien-Identifikations-Test (FIT) Remschmidt & Mattejat (1999)	Ab 7 Jahren (für Kinder, Jugendliche und Erwachsene)	$N = 263$ Patient_innen, $N = 177$ Schüler_innen	*Paralleltestreliabilität:* $r = .68-.83$ *Retest-Reliabilität* (2 Wochen): $r_{tt} = .78$ *Retest-Reliabilität* (6 Wochen): $r_{tt} = .75$	• *Konvergente Validität:* Zusammenhänge mit SFB zwischen $r = .44$ und $r = .70$; Korrelationen mit direkten Fragen nach Selbstzufriedenheit mit der Identifikation von Jugendlichen mit ihren Eltern zwischen $r = .38$ und $r = .59$; Korrelationen mit Identifikationswerten aus Gießen-Test $r = .56$; mit DIKJ $r = .54$ für Patient_innen, $r = .52$ für Schüler_innen • *Differentielle Validität:* Differenzierung von klinischen und nicht klinischen Gruppen; Trennung spezifischer diagnostischer Gruppen (z. B. Essstörungen, extraversive und introversive Störungen)

Zentrale diagnostische Bausteine in der familienrechtlichen Begutachtung 81

Tabelle 10: Fortsetzung

Verfahren Autor (Jahr)	Alters-bereich	Normierung	Reliabilität	Validität
Strukturiertes Interview zur Erfassung der Kind-Eltern-Interaktion (SKEI) Skatsche, Buchegger, Schulter & Papousek (2013)	4–7 Jahre	$N = 308$ Kindergartenkinder im Alter von 4–5 Jahren	• *Interne Konsistenz:* $\alpha = .69-.82$ • *Retest-Reliabilität* (1 bis 2 Monate): $r_{tt} = .66-.76$ für die Gesamtskala	• *Konvergente Validität:* Mittlere signifikante Zusammenhänge mit Kinderzeichnungen; mittlere bis hohe Korrelationen mit Beziehungseinschätzungen von Eltern und Kindergartenpädagoginnen ($r = .37-.59$)
Sorge- und Umgangsrechtliche Testbatterie (SURT) Hommers (2009)	4–8 Jahre	$N = 392$ bzw. $N = 539$ bzw. $N = 896$, je nach Untergruppe (Normalpopulation vs. Gutachtenstichprobe)	Nur teilweise geprüft; Reliabilitätsschätzungen durch Vergleich mit Bewertungen von Mutter und Vater für Untertests: • Projektiver Familien-Szenen-Test (PFST) $\alpha = .34-.73$; • Semi-Projektive Entscheidungsfragen (SPEF) $\alpha = .64$; • nicht projektive Eltern-Wahrnehmungsunterschiede (EWU) $\alpha = .60$	• *Konvergente Validität:* Nur für einzelne Subskalen geprüft; teilweise signifikante Zusammenhänge mit FRT-R und FIT für einzelne Subskalen

Tabelle 10: Fortsetzung

Verfahren Autor (Jahr)	Alters-bereich	Normierung	Reliabilität	Validität
Verfahren zur Erfassung von Erziehungsstilen/-verhalten aus Kindperspektive				
Erziehungsstil-Inventar (ESI) Krohne & Pulsack (1995)	8–16 Jahre	$N = 1201$	• *Interne Konsistenz*: Strafintensitätsskala $\alpha = .65$–.71; übrige fünf Skalen $\alpha = .77$–.92 • *Retest-Reliabilität* (3 Wochen): $r_{tt} = .51$–.72	• *Kriteriumsvalidität*: Signifikante Korrelationen mit allgemeiner Ängstlichkeit und Prüfungsangst, Intelligenz, Schulleistung, Schulunlust, Kontrollüberzeugung, Aggressivität und Extraversion
Verfahren zur Erfassung der Emotionsregulation				
Fragebogen zur Erhebung der Emotionsregulation bei Kindern und Jugendlichen (FEEL-KJ) Grob & Smolenski (2009)	10;0–19;11 Jahre	$N = 780$; verschiedene Schularten	• *Interne Konsistenz*: 15 emotionsübergreifende Strategieskalen $\alpha = .69$–.91; für Sekundärskalen $\alpha = .93$ (adaptive Strategien) und $\alpha = .82$ (maladaptive Strategien) • *Retest-Reliabilität* (6 Wochen): für Strategieskalen zwischen $r_{tt} = .62$ und $r_{tt} = .81$; für Sekundärskalen bei $r_{tt} = .81$ (adaptiv) und $r_{tt} = .83$ (maladaptiv)	• *Konvergente Validität*: Signifikante mittlere bis hohe Korrelationen der einzelnen Subskalen mit körperlichen Beschwerden, Depressivität, Sorgen, positiver Lebenseinstellung, Gesamtwohlbefinden; niedrige bis mittlere Korrelationen zwischen Selbsteinschätzung der Kinder und Jugendlichen und Fremdeinschätzung durch ein Elternteil; signifikante mittlere Korrelationen mit STAXI und AFS • *Differentielle Validität*: Differenzierung zwischen unauffälligen Kindern/Jugendlichen und Kindern/Jugendlichen mit Verhaltensauffälligkeiten, in psychotherapeutischer Behandlung, mit Epilepsie, mit Diabetes mellitus

Zentrale diagnostische Bausteine in der familienrechtlichen Begutachtung

Tabelle 10: Fortsetzung

Verfahren Autor (Jahr)	Altersbereich	Normierung	Reliabilität	Validität
Allgemeine Entwicklungstests und Intelligenztests				
Basisdiagnostik Umschriebener Entwicklungsstörungen im Grundschulalter (BUEGA) Esser, Wyschkon & Ballaschk (2008)	1.–5. Klasse	N = 2321 Schüler_innen aus Grundschulen	• *Interne Konsistenz:* α = .81–.95 je nach Untertest • *Retest-Reliabilität* (6 Monate): r_{tt} = .85–.92 je nach Untertest	• *Konvergente Validität:* Signifikante mittlere bis hohe Korrelationen zwischen einzelnen Untertests und HAWIK-III, CPM, HSET, SLRT, HSP, d2; signifikante hohe Korrelationen zwischen BUEGA und Lehrerurteilen; mittlere bis hohe Korrelationen des Leistungsanstiegs erhoben mit der BUEGA und zunehmendem Alter bzw. Klassenstufe
Basisdiagnostik Umschriebener Entwicklungsstörungen im Vorschulalter (BUEVA-III) Esser & Wyschkon (2016)	4–6;5 Jahre	N = 3 875 Kindergartenkinder	• *Interne Konsistenz:* für alle Subtests α = .73–.90; für Gesamtwerte α = .86–.96 • *Retest-Reliabilität* (9 Monate): mittlere bis hohe Stabilitäten der Testergebnisse	• *Konvergente Validität:* Korrelation mit Erzieher- und Elternurteilen • *Prognostische Validität:* Gute Prognose bezüglich der allgemeinen Entwicklung im Grundschulalter
Entwicklungstest für Kinder von 6 Monaten bis 6 Jahren (ET 6-6-R) Petermann & Macha (2013)	6 Monate–6 Jahre	N = 1053 Kinder in fünf deutschen Regionen	• *Interne Konsistenz:* Körpermotorik α = .70 (α = .52–.85 je nach Alter); Handmotorik α = .66 (α = .50–.77 je nach Alter); Kognitive Entwicklung α = .70 (α = .47–.78 je nach Alter); Sprachentwicklung α = .67	• *Konvergente Validität:* Signifikante Korrelationen mit K-ABC, SETK-2, Bayley-II • *Differentielle Validität:* Befunde zu Mittelwertunterschieden zwischen gesunden und entwicklungsauffälligen (z. B. Frühgeborene; Kinder mit chronischen Erkrankungen) Kindern • *Kriteriumsvalidität:* Korrelationen mit Entwicklungsverzögerungen Frühgeborener, Entwicklungsabweichungen von Kindern mit körperlichen Erkrankungen und Kindern mit Verhaltensstörungen

Tabelle 10: Fortsetzung

Verfahren Autor (Jahr)	Altersbereich	Normierung	Reliabilität	Validität
			(α = .53–.78 je nach Alter); Sozial-emotionale Entwicklung α = .75 (α = .64–.82 je nach Alter); Untertest Nachzeichnen α = .77 (α = .74–.80 je nach Alter)	
Grundintelligenztest Skala 2 – Revision (CFT 20-R) mit Wortschatztest und Zahlenfolgentest - Revision (WS/ZF-R) Weiß (2019)	CFT 20-R: Kinder und Jugendliche von 8;5–19;11 Jahren, Erwachsene von 20–64 Jahren WS/ZF-R: Kinder und Jugendliche von 8;5–19;11 Jahren	CFT 20-R: N > 4300 (8;5–19;11 Jahre) bzw. N = 5858 (20–64 Jahre) WS/ZF-R: N > 2700	CFT 20-R: • *Interne Konsistenz:* α = .95 • *Retest-Reliabilität* (3 Monate): r_{tt} = .80–.82 WS/ZF-R: • *Split-Half-Reliabilität:* WS: r_{tt} = .87 (r_{tt} = .79–.90); ZF: r_{tt} = .92 (r_{tt} = .82–.94) • *Retest-Reliabilität* (2–4 Monate): WS r_{tt} = .82–.83; ZF r_{tt} = .83–.86 Global: • *Retest-Reliabilität* (2–4 Monate): r_{tt} = .96; Profilreliabilität > .85	CFT 20-R: • *Konvergente Validität:* Korrelationen mit anderen Intelligenztests (r = .57–.73); mehrdimensionalen Begabungstests r = .64; eindimensionalen Begabungstests r = .54 • *Kriteriumsvalidität:* Korrelation mit Schulleistung r = .49 (Mathematik) und r = .35 (Deutsch) • *Inkrementelle Validität:* Korrelationen des PSB-R 4-6 mit einzelnen Schulnoten niedriger als Korrelation des CFT-20-R mit Schulnoten; Korrelation der Gesamtskala beider Tests mit Schulnoten vergleichbar WS/ZF-R: • *Konvergente Validität:* WS: WST 5/6 r = .65; WST 7/8 r = .62; KFT 4-13 r = .69; ZF: KFT 4-13 r = .63; HWY r = .58; DRE r = .50 • *Diskriminante Validität:* WS: HWY r = .25; KFT (Q1+Q2) r = .03; WMT r = .21; d2 r = –.24; ZF: WST 7/8 r = .44; d2 r = .14; KFT (V1+V4) r = .44; geringe Korrelationen mit Persönlichkeitstest, außer Prüfungsangst –.22 (WS); Schulunlust .16 (WS), Leistungsmotivation .21 (WS) bzw. .43 (ZF) • *Kriteriumsvalidität:* Mittlere bis hohe Korrelationen mit Schulnoten in verschiedenen Schularten, Fächern, Klassenstufen

Zentrale diagnostische Bausteine in der familienrechtlichen Begutachtung 85

Tabelle 10: Fortsetzung

Verfahren Autor (Jahr)	Altersbereich	Normierung	Reliabilität	Validität
Intelligence and Development Scales – Preschool (IDS-P) Grob, Reimann, Gut & Frischknecht (2013)	3;0–5;11 Jahre	$N = 700$ Kinder aus Deutschland, Österreich und der Schweiz	• *Interne Konsistenz*: Kognition $\alpha = .91$; Psychomotorik $\alpha = .92$; Sozial-Emotionale Kompetenz $\alpha = .72$; Denken Logisch-Mathematisch $\alpha = .84$; Sprache $\alpha = .85$ • *Retest-Reliabilität* (5 Monate): Kognition $r_{tt} = .90$; Psychomotorik $r_{tt} = .85$; Sozial-Emotionale Kompetenz $r_{tt} = .53$; Denken Logisch-Mathematisch $r_{tt} = .80$; Sprache $r_{tt} = .69$	• *Kriteriumsvalidität*: Mittlere bis hohe Korrelationen mit K-ABC, SETK 3-5, RIAS sowie Fremdeinschätzung von sozial-emotionaler Kompetenz, Belohnungsaufschub, Anstrengungsbereitschaft und Theory of Mind • *Differentielle Validität*: Leistungen von fremdsprachigen Kindern, Kindern mit Trisomie 21, sprachentwicklungsauffälligen Kindern, Kindern mit allgemeiner Entwicklungsauffälligkeit und frühgeborenen Kindern unterscheiden sich erwartungsgemäß von den Leistungen unauffälliger Kinder
Intelligence and Development Scales – 2 (IDS-2) Grob & Hagmann-von Arx (2018)	5;0–20;11 Jahre	$N = 1\,672$ Kinder und Jugendliche aus Deutschland, Österreich und der Schweiz	Funktionsbereich Intelligenz: • *Interne Konsistenz*: $\alpha = .97$ für IQ; $\alpha = .98$ für IQ-Profil für Gesamtaltersspanne; für einzelne Altersbereiche zwischen .92 (5–6-Jährige IQ) und .97 (13–20-Jährige IQ-Profil)	Funktionsbereich Intelligenz: • *Konvergente Validität*: Hohe Korrelationen mit WISC-IV (IQ-Screening $r = .52$, IQ $r = .67$, IQ-Profil $r = .69$), RIAS (IQ-Screening $r = .47$, IQ $r = .51$, IQ-Profil $r = .55$) und SON-R 6–40 (IQ-Screening $r = .56$, IQ $r = .62$, IQ-Profil $r = .67$) • *Kriteriumsvalidität*: U. a. Zusammenhänge mit Schulleistungen • *Differentielle Validität*: Differenzierungsfähigkeit zwischen Kindern mit Intelligenzminderung und normalbegabten Kindern sowie Kindern mit Hochbegabung und normalbegabten Kindern

Tabelle 10: Fortsetzung

Verfahren Autor (Jahr)	Alters-bereich	Normierung	Reliabilität	Validität
			• *Retest-Reliabilität* (24 Tage): $r_{tt} = .85$ IQ-Screening; $r_{tt} = .89$ für IQ; $r_{tt} = .86$ für IQ-Profil Funktionsbereich Allgemeine Entwicklungsfunktionen: • *Interne Konsistenz:* Psychomotorik $\alpha = .82$ (5–10 J.), $\alpha = .87$ (11–20 J.); Sozial-Emotionale Kompetenz $\alpha = .86$ (5–11 J.), $\alpha = .82$ (11–20 J.); Schulische Kompetenzen $\alpha = .93$–.97 je nach Altersbereich; Arbeitshaltung $\alpha = .90$–.92 je nach Altersbereich	Funktionsbereich Exekutive Funktionen: • *Konvergente Validität:* Korrelationen mit TEA-CH, TMT, RWT, Stroop • *Differentielle Validität:* Unterschiede zwischen Kindern mit ADHS und gesunden Kindern Funktionsbereich Allgemeine Entwicklungsfunktionen: • *Konvergente Validität:* Korrelationen mit M-ABC-2 (Psychomotorik); PRSSC, RSES, RCPM, FSQ, ISK-K (Sozial-Emotionale Kompetenz) • *Kriteriumsvalidität:* Schulische Kompetenzen mit Schulleistung und R-FIT 9-10
Non-verbaler Intelligenztest (SON-R 2-8) Tellegen, Laros & Petermann (2018)	2;0–7;11 Jahre	$N = 1727$ Kinder aus Deutschland und den Niederlanden	• *Interne Konsistenz:* für die Untertests im Durchschnitt $\alpha = .70$, für den SON-IQ $\alpha = .91$ • *Retest-Reliabilität* (3 Monate): SON-IQ $r_{tt} = .81$; Handlungsskala $r_{tt} = .76$; Denkskala $r_{tt} = .66$	• *Konvergente Validität:* Korrelationen mit anderen Tests der SON-Reihe, WNV und WPPSI-IV

Zentrale diagnostische Bausteine in der familienrechtlichen Begutachtung

Tabelle 10: Fortsetzung

Verfahren Autor (Jahr)	Altersbereich	Normierung	Reliabilität	Validität
Non-verbaler Intelligenztest (SON-R 6-40) Tellegen, Laros & Petermann (2012)	6;0–40;0 Jahre	N = 1 933 Kinder, Jugendliche und Erwachsene aus Deutschland und den Niederlanden	• *Interne Konsistenz*: für die Untertests im Durchschnitt α = .87, für den SON-IQ α = .95 • *Retest-Reliabilität* (4 Monate): für die Untertests im Mittel r_{tt} = .79; für den SON-IQ r_{tt} = .92	• *Konvergente Validität*: Korrelationen mit WISC-IV, WIE, WNV • *Differentielle Validität*: Befunde zu Mittelwertunterschieden zwischen einer Kontrollgruppe und Kindern mit LRS, ADHS, Hörbeeinträchtigungen, Migrationshintergrund • *Kriteriumsvalidität*: Zusammenhänge mit Indikatoren für schulischen Erfolg (Unterrichtstyp, Schullaufbahn)
Wechsler Nonverbal Scale of Ability (WNV) Wechsler & Naglieri (2014)	4;0–21;11 Jahre	N = 1 449 Kinder, Jugendliche und junge Erwachsene	• *Interne Konsistenz*: zwischen α = .72 (Bilder ordnen) und α = .90 (Matrizen-Test); Batterie mit 4 bzw. 2 Untertests α = .90 • *Retest-Reliabilität* (16 Tage): zwischen r_{tt} = .78 und r_{tt} = .89 je nach Altersgruppe	• *Differentielle Validität*: Keine signifikanten Unterschiede zwischen Kindern mit Sprachentwicklungsstörungen sowie mit Lese-Rechtschreibschwierigkeiten und unauffällig entwickelten Kindern
Wechsler Preschool and Primary Scale of Intelligence – Fourth Edition (WPPSI-IV) Wechsler (2018)	2;6–7;7 Jahre	N = 895 Kinder	• *Split-Half-Reliabilität*: für die Untertests zwischen r_{tt} = .72 (Insekten-Suche) und r_{tt} = .92 (Bilder benennen); für den Gesamt-IQ r_{tt} = .95 • *Retest-Reliabilität* (26 Tage): r_{tt} = .86 für den Gesamt-IQ	• *Konvergente Validität*: Korrelationen mit WISC-V, WPPSI-III, ET 6-6-R • *Differentielle Validität*: Differenzierungsfähigkeit zwischen Kindern mit intellektueller Beeinträchtigung und normalbegabten Kindern sowie Kindern mit Hochbegabung und normalbegabten Kindern

Tabelle 10: Fortsetzung

Verfahren Autor (Jahr)	Altersbereich	Normierung	Reliabilität	Validität
Klinische Screeningverfahren				
Child Behavior Checklist 1½–5 (CBCL/1½–5) Arbeitsgruppe Deutsche Child Behavior Checklist (2000)	1;5–5;0 Jahre	$N = 700$ Kinder aus den USA	• *Interne Konsistenz:* für Sekundärskalen $\alpha > .86$ • *Retest-Reliabilität* (8 Tage): $r_{tt} = .85$ (.68–.92 je nach Subskala) • *Retest-Reliabilität* (12 Monate): $r_{tt} = .61$ (.52–.76 je nach Subskala)	• *Konvergente Validität:* Hohe Übereinstimmungen zwischen Fremdeinschätzungen von Müttern und Vätern ($r = .59$) sowie zwischen Lehrern ($r = .64$) und Eltern und Lehrern ($r = .27$) • *Differentielle Validität:* Differenzierungsfähigkeit zwischen Kindern mit und ohne klinische Diagnose • *Kriteriumsvalidität:* Hohe Korrelationen mit LDS in verschiedenen Stichproben; Korrelationen des Total Problems Scores mit Richman Behavior Checklist, New Measure of Problems • *Prädiktive Validität:* Hohe Korrelationen mit CBCL/4-18
Deutsche Schulalter-Formen der Child Behavior Checklist von Thomas M. Achenbach (CBCL/6-18R, TRF/6-18R, YSR/11-18R) Döpfner, Plück, Kinnen & Arbeitsgruppe Deutsche Child Behavior Checklist (2014)	6–18 Jahre	CBCL/6-18R: $N = 2471$ bzw. $N = 1217$ (Klinische Stichprobe) TRF/6-18R: $N = 397$ bzw. $N = 718$ (Klinische Stichprobe) YSR/11-18R: $N = 1798$ bzw. $N = 793$	CBCL/6-18R: • *Interne Konsistenz* (Kompetenzskalen): $\alpha = .70$ für Aktivitäten; $\alpha = .53$ für soziale Kompetenz; $\alpha = .32$ für Schule; $\alpha = .70$ für Kompetenzen gesamt • *Interne Kompetenz* (Problemskalen): $\alpha = .62–.93$ in klinischer Stichprobe; $\alpha = .60–.93$ in Feldstichprobe	• *Konstruktvalidität:* Signifikante mittlere bis hohe Korrelationen zwischen den Beurteilenden; hohe signifikante Korrelationen mit Syndromskalen (1991); signifikante Korrelationen mit BASC; Korrelationen zwischen Problemskalen in verschiedenen Nationen (Gesamtauffälligkeit $r = .45$)

Tabelle 10: Fortsetzung

Verfahren Autor (Jahr)	Altersbereich	Normierung	Reliabilität	Validität
			TRF/6-18R: • *Interne Konsistenz (Problemskalen):* α = .59–.95 in klinischer Stichprobe; α = .34–.96 in Feldstichprobe YSR/11-18R: • *Interne Konsistenz (Kompetenzskalen):* α = .69 für Aktivitäten; α = .46 für soziale Kompetenz; α = .69 für Kompetenzen gesamt • *Interne Konsistenz (Problemskalen):* α = .64–.94 in klinischer Stichprobe; α = .67–.94 in Feldstichprobe	

Anmerkungen zu Tabelle 10: Angaben soweit in Testmanualen verfügbar. AFS = Angstfragebogen für Schüler; BASC = Behavior Assessment System for Children; Bayley-II = Bayley Scales of Infant Development; CBCL/4-18 = Child Behavior Checklist; CPIC = Children's Perception of Interparental Conflict Scale; CPM = Coloured Progressive Matrices; DIKJ = Depressionsinventar für Kinder und Jugendliche; d2 = Test d2 – Aufmerksamkeits-Belastungs-Test; DRE = Diagnostischer Rechentest; EMBU = Egna Minnen Beträffande Uppfostran; ET 6-6-R = Entwicklungstest für Kinder von sechs Monaten bis sechs Jahren; FACES III = Family Adaptability and Cohesion Evaluation Scale; FEE = Fragebogen zum erinnerten elterlichen Erziehungsverhalten; FES = Family Environment Scale; ; FIT = Familien-Identifikations-Test; FRT-R = Family Relations Test; FSQ = Friendship Quality Scale; HAWIK = Hamburg-Wechsler-Intelligenztest für Kinder; HSET = Heidelberger Sprachentwicklungstest; HSP = Hamburger Schreib-Probe; HWY = Hamburg-West-Yorkshire; ILK = Inventar zur Erfassung der Lebensqualität bei Kindern und Jugendlichen; ISK-K = Inventar sozialer Kompetenzen – Kurzform; K-ABC = Kaufman Assessment Battery for Children; KFT = Kognitiver Fähigkeitstest; LDS = Language Development Survey; PSB-R 4-6 = Prüfsystem für Schul- und Bildungsberatung für 4. bis 6. Klassen; M-ABC-2 = Movement Assessment Battery for Children – Second Edition; PRSSC = Parent Rating Scale of Social Competence; R-FIT 9-10 = Fehleridentifikationstest – Rechtschreibung für neunte und zehnte Klassen; RCPM = Raven's Coloured Progressive Matrices; RIAS = Reynolds Intellectual Assessment Scales and Screening; RSES = Rosenberg Self-Esteem Scale; RWT = Regensburger Wortflüssigkeits-Test; SETK-2 = Sprachentwicklungstest für zweijährige Kinder; SETK 3-5 = Sprachentwicklungstest für drei- bis fünfjährige Kinder; SFB = Subjektives Familienbild; SLRT = Salzburger Lese- und Rechtschreibtest; SON-R 6–40 = Non-verbaler Intelligenztest; STAXI = State-Trait-Ärgerausdrucks-Inventar; TEA-CH = Test of Everyday Attention for Children; TMT = Trail Making Test; WIE = Wechsler Intelligenztest für Erwachsene; WISC = Wechsler Intelligence Scale for Children; WMT = Wiener Matrizen-Test; WNV = Wechsler Nonverbal Scale of Ability; WPPSI = Wechsler Preschool and Primary Scale of Intelligence; WST = Wortschatztest; YSR = Youth Self-Report; ZKE = Zürcher Kurzfragebogen zum Erziehungsverhalten.

Vater des Kindes. Die Ergebnisse der Entwicklungstestung sind zum einen für die Bewertung der anhand der Explorationsgespräche gewonnenen Aussagen des Kindes relevant sowie zum anderen hinsichtlich der Einschätzung seiner Ressourcen, mit der akuten Belastungssituation umzugehen. Gerade weil sich ein Kind zu einem Begutachtungszeitpunkt in der Regel in einer emotional und sozial schwierigen und belastenden Lage befindet, sind entsprechende Kenntnisse zum besseren Verständnis seines innerpsychischen Erlebens diagnostisch wertvoll, um darauf aufbauend Rückschlüsse für das kindliche Wohl abzuleiten. Darüber hinaus sind die Befunde hinsichtlich qualitativer Symptomausprägungen der bei dem Jungen als vorliegend diagnostizierten Störung des Sozialverhaltens bedeutsam.

Kasten 7: Einsatz eines Entwicklungstests am Fallbeispiel

Fallbeispiel Fabian, 7 Jahre, lebt bei Mutter, diagnostizierte Störung des Sozialverhaltens, Umgangsrechtsverfahren hinsichtlich der Besuchskontakte mit dem getrenntlebenden Vater

Der Entwicklungsstand Fabians wurde am xx anhand der „Intelligence and Development Scales (IDS)" getestet. Mit Blick auf die Relevanz der Ergebnisse für die Beantwortung der richterlichen Fragestellung wurde die Durchführung auf die Funktionsbereiche „Kognitive Entwicklung" und „Sozial-Emotionale Kompetenz" beschränkt. Die verwendete standardisierte Wertpunkteskala (WP) liegt im Mittel bei WP=10 mit einer

Standardabweichung von WP=3. Dies bedeutet, auf Basis der Referenzgruppe (Normierungsstichprobe für die Altersgruppe 7;0–7;5 Jahre, gemeinsame Normtabellen für Mädchen und Jungen) fallen WP zwischen WP ≥7 und WP ≤13 in den altersentsprechenden Durchschnittsbereich. Ein WP von <7 ist als unterdurchschnittlich und ein WP von >13 als überdurchschnittlich zu bewerten. Die angegebenen 95%-Konfidenzintervalle (KI) lassen sich nach Manual für die der kognitiven Entwicklung zugeordneten Skalen bestimmen. Da testpsychologische Messungen mit einem Messfehler behaftet sind, werden für einzelne Testwerte Bereiche angegeben, in denen der wahre Testwert mit einer bestimmten Wahrscheinlichkeit liegt. Dieser Bereich, der die Reliabilität eines Verfahrens mitberücksichtigt, wird als Konfidenzintervall bezeichnet. (Die exakte Interpretation würde lauten, die angegebenen Intervallgrenzen umschließen in 95% der Fälle [bei wiederholter Stichprobenziehung] den wahren Parameter.)

Kognitive Entwicklung: Im Entwicklungsbereich „Kognitive Entwicklung" erreichte Fabian auf allen Subskalen durchschnittliche Werte im Vergleich zu seiner Altersnorm bei insgesamt durchschnittlicher Intelligenz (IQ=84). Besondere Stärken zeigten sich im Bereich „Phonologisches Gedächtnis" (WP=12; KI [10.3–13.7]). Die größten Schwierigkeiten zeigten sich im Bereich „Konzeptuelles Denken" (WP=7; KI [5.3–8.7]).

Sozial-emotionale Entwicklung: Hinsichtlich seiner sozial-emotionalen Entwicklung zeigten sich für Fabian im Altersvergleich unterdurchschnittliche Werte in den Bereichen „Emotionen Erkennen" (WP=6), „Emotionen Regulieren" (WP=6) und „Soziale Situationen Verstehen" (WP=5) sowie ein auffällig unterdurchschnittlicher Wert im Bereich „Sozial Kompetent Handeln" (WP=1).

Fabian konnte adaptive Strategien für die Regulation des Gefühls „Wut" benennen (er benannte z. B. die Strategie „Zerstreuung" [„... was unternehmen, mit Autos spielen"]). Allerdings benannte er ebenfalls, dass er beim Empfinden von Wut meistens die Strategie „Rückzug/Aufgeben" wählt („... ich lege mich unter die Decke und ruhe mich aus"), die nicht zu den adaptiven Bewältigungsstrategien zählt. Dies bedeutet insgesamt, dass er zum Umgang mit Wut zwar Strategien kennt, um diese Emotion positiv zu bewältigen, diese jedoch nicht immer einsetzt bzw. einsetzen kann und nach eigenen Angaben überwiegend maladaptive Strategien einsetzt, die keine Auflösung der negativen Emotion beinhalten. Zum Umgang mit Trauer fiel es Fabian am schwersten, Bewältigungsstrategien zu nennen („... weiß nicht"; „... keine Ahnung"). Er benannte lediglich die Strategie „Emotionskontrolle/-ausdruck" („... ich denke einen kurzen Moment daran und wische dann die Tränen weg"), die ebenfalls nicht zu den Strategien zählt, die eine Auflösung der negativen Emotion beinhalten. ...

4.3.2 Testdiagnostik mit Elternteilen

Erfassung von Erziehungsverhalten/-stilen

Der Einsatz von Testverfahren in der Diagnostik mit Elternteilen bietet sich vor allem zur Erfassung von Konstrukten an, die mit dem Erziehungsverhalten in Zusammenhang stehen. Hier liegen eine Reihe an Fragebogenverfahren zur Selbsteinschätzung vor, die z. T. auch Risiken für Kindeswohlgefährdung erfassen sollen (*Eltern-Belastungs-Screening zur Kindeswohlgefährdung*, EBSK; Deegener, Spangler, Körner & Becker, 2009; *Eltern-Belastungs-Inventar*, EBI; Tröster, 2010). Der Einsatz solcher Fragebogenverfahren kann auch erfolgen, um zur Validierung der anhand der verschiedenen methodischen Ansätze gesammelten Erkenntnisse untereinander beizutragen (z. B. Vergleiche von Selbst- und Fremdbeobachtungsansätzen). Tabelle 11 liefert einen Überblick über psychometrische Screening- und Fragebogenverfahren zur Erfassung von Erziehungsverhalten/Erziehungsstilen, die in der Begutachtungspraxis Anwendung finden, einschließlich Hinweisen auf ihre psychometrische Güte und Normierung. Es handelt sich um eine Auswahl durch die Autor_innen, die Auflistung erhebt keinen Anspruch auf Vollständigkeit.

Intelligenzdiagnostik

Über die aufgelisteten Verfahren zur Erfassung von Erziehungsverhalten/Erziehungsstilen hinausgehend können Persönlichkeits- und/oder Intelligenztest bei Elternteilen Anwendung finden, wenngleich eine routinemäßige Persönlichkeits- und/oder Intelligenzdiagnostik im Rahmen der Begutachtung nicht zu empfehlen ist. Grundsätzlich gilt: Werden Persönlichkeits- oder Intelligenztests eingesetzt, muss sich dies aus den richterlichen Fragestellungen und den daraus abgeleiteten psychologischen Fragestellungen fallspezifisch begründen lassen. Denkbar wären beispielsweise Fragen nach Einschränkungen in der Erziehungsfähigkeit von Eltern, für die Hinweise auf kognitive Einschränkungen vorliegen, eine systematische Diagnostik der Defizite jedoch bislang noch nicht durchgeführt wurde. Entsprechende Befunde wären beispielsweise in der Beantwortung von Fragen nach der Fähigkeit zum Erkennen und Erfüllen kindlicher Grundbedürfnisse sowie der Lern- und Veränderungsfähigkeit, aber vor allem auch zur Identifikation adäquater Interventions- und Hilfemaßnahmen zu beachten.

Persönlichkeitsdiagnostik

Hinsichtlich der Frage nach dem Einsatz von Persönlichkeitstests in der familienrechtspsychologischen Begutachtung lassen sich die folgenden Überlegungen zusammenfassen: Informationen zu Persönlichkeitsmerkmalen/-dimensionen und/oder -stilen können relevante Hinweise im Rahmen der Einschätzung der Erziehungsfähigkeit oder der Kooperationsfähigkeit und -bereitschaft liefern. Eingesetzt werden können je nach zugrundeliegender Fragestellung das dem Big-Five-Modell verpflichtete *NEO-Persönlichkeitsinventar nach Costa und McCrae* (NEO-PI-R; Ostendorf & Angleitner, 2004), der *Gießen-Test – II* (GT-II; Beckmann, Brähler & Richter, 2012), das *Freiburger Persönlichkeitsinventar* (FPI-R; Fahrenberg, Hampel & Selg, 2010), das *Per-*

Zentrale diagnostische Bausteine in der familienrechtlichen Begutachtung

Tabelle 11: Überblick über im Begutachtungskontext einsetzbare psychometrische Verfahren für Elternteile zur Erfassung von Erziehungsverhalten/Erziehungsstilen

Verfahren Autor (Jahr)	Altersbereich	Normierung	Reliabilität	Validität
Eltern-Erziehungsstil-Inventar (EEI) Satow (2013)	Keine Altersbegrenzung	$N = 4296$ (überwiegend 31–40 Jahre, 81 % weiblich)	• Interne Konsistenz: Subskalen $\alpha = .71–.93$	• Eindeutige Ladungsmuster in Faktorenanalyse, erwartungsgemäße Interskalenkorrelationen • Konstruktvalidität: Variationen des Erziehungsstils mit der Anzahl der Kinder, Unterschiede im Erziehungsstil zwischen Müttern und Vätern; Variationen des Erziehungsstils mit Bildungsgrad
Elternstressfragebogen (ESF) Domsch & Lohaus (2010)	Eltern von Kindergarten- und Vorschulkindern sowie von Kindern und Jugendlichen der Klassen 1 bis 6	$N = 523$ Eltern von Kindergartenkindern; $N = 1362$ Eltern von Schulkindern	• Interne Konsistenz: $\alpha = .76–.92$ • Retest-Reliabilität: $r_{tt} = .76–.91$	• Konvergente Validität: Zusammenhänge mit Verfahren zu Elternstress, z. B. PSI, sowie mit Verfahren zu allgemeinem Stresserleben und zur Stressverarbeitung, z. B. SVF
Erziehungsfragebogen (EFB) Naumann, Bertram, Kuschel, Heinrichs, Hahlweg & Döpfner (2010)	Normierung basiert auf Eltern von Kindergartenkindern	$n = 654$ Mütter und $n = 456$ Väter von $N = 691$ Kindergartenkindern	• Interne Konsistenz: Subskalen $\alpha = .59–.80$ • 6-Monate-Retest-Reliabilität: $r_{tt} = .60–.84$	• Konstruktvalidität: Signifikante Zusammenhänge mit Subskalen der CBCL und mit der Einschätzung der Selbstwirksamkeit anhand des FSW; signifikante, aber geringe Zusammenhänge mit dem FZEV; geringe Korrelationen mit Verhaltensbeobachtung (FIBS)

Tabelle 11: Fortsetzung

Verfahren Autor (Jahr)	Altersbereich	Normierung	Reliabilität	Validität
Eltern-Belastungs-Screening zur Kindeswohlgefährdung (EBSK) Deegener et al. (2009) Deutsche Version des Child Abuse Potential Inventory (CAPI)	Keine Altersbegrenzung	$n = 1046$ unbelastete Probanden; $n = 233$ Probanden aus Risikogruppe; $n = 57$ Gruppe von Misshandelnden/Hochbelasteten	Reliabilitäten des CAPI: • *Interne Konsistenz:* Belastungsskala $\alpha = .74-.98$ • *Retest-Reliabilität* (1 Tag): $r_{tt} = .91$ • *Retest-Reliabilität* (1 Woche): $r_{tt} = .90$ • *Retest-Reliabilität* (1 Monat): $r_{tt} = .83$ • *Retest-Reliabilität* (3 Monate): $r_{tt} = .75$	• *Konvergente Validität:* Zusammenhänge mit FPI-R (signifikant negative Korrelationen von Belastung mit Lebenszufriedenheit, Leistungsorientierung, Extraversion; signifikant positive Korrelationen von Belastung mit Gehemmtheit, körperlichen Beschwerden, Emotionalität) • *Konkurrente Validität:* Signifikante Unterschiede in der Belastung zwischen Gruppen, denen aufgrund ihrer Ausprägung auf demografischen Variablen mehr oder weniger große Belastung unterstellt werden kann (Familienstand, Anzahl der Kinder, Bildungsstand) • *Differentielle Validität:* Klassifikation in belastet vs. unbelastet; Sensitivität 82 %; Spezifität 71.7 %
Eltern-Belastungs-Inventar (EBI) Tröster (2010)	Normierung basiert auf Müttern von Kindern im Kleinkind- und Vorschulalter	$N = 538$ Mütter von Kindern im Kleinkind- und Vorschulalter	• *Interne Konsistenz:* Gesamtskala $\alpha = .95$; Subskalen $\alpha = .91-.93$ • *Retest-Reliabilität* (1 Jahr): Gesamtskala $r_{tt} = .87$; Subskalen $r_{tt} = .85-.87$	• *Konstruktvalidität:* Zusammenhänge mit anderen Belastungsindikatoren (z. B. psychovegetative Stresssymptome), mit krankheits- bzw. behinderungsspezifischen Anforderungen, mit familiären Stressoren (z. B. kritische Lebensereignisse) sowie mit verwandten Konstrukten (z. B. familienbezogene Lebensqualität, der Verfügbarkeit sozialer Unterstützung, den Bewältigungskompetenzen)

Tabelle 11: Fortsetzung

Verfahren Autor (Jahr)	Altersbereich	Normierung	Reliabilität	Validität
Fragebogen zum erinnerten elterlichen Erziehungsverhalten (FEE) Schumacher, Eisemann & Brähler (2000)	Keine Altersbegrenzung	Repräsentative Zufallsstichproben: • 1994: $N = 2874$ (18–92 Jahre) • 1999: $N = 1799$ (18–50 Jahre)	• *Interne Konsistenz:* $\alpha = .72–.89$ • *Split-Half-Reliabilität:* $r = .70–.88$	• *Konvergente Validität:* Signifikante positive Korrelationen zwischen erinnertem Erziehungsverhalten junger Erwachsener und der Selbsteinschätzung durch deren Eltern; niedrige signifikante Korrelationen mit Gießener Test, GBB-24, FLZ, ABI, BFPE ($r < .30$); Korrelationen mit IIP (einzelne bedeutsame Zusammenhänge für Skalen „Ablehnung und Strafe" sowie „Kontrolle und Überbehütung") und F-SozU K-14

Anmerkungen: Angaben soweit in Testmanualen verfügbar. ABI = Angstbewältigungsinventar; BFPE = Bielefelder Fragebogen zu Partnerschaftserwartungen; CBCL = Child Behavior Checklist; FIBS = Familien-Interaktions-Beobachtungssystem; FLZ = Fragebogen zur Lebenszufriedenheit; FPI-R = Freiburger Persönlichkeitsinventar; F-SozU K-14 = Fragebogen zur Sozialen Unterstützung, Kurzform K-14; FSW = Fragen zur Selbstwirksamkeit; FZEV = Fragen zum Erziehungsverhalten; GBB-24 = Gießener Beschwerdebogen; IIP = Inventar zur Erfassung interpersonaler Probleme; PSI = Parenting Stress Index; SVF = Stressverarbeitungsfragebogen.

sönlichkeits-Stil- und Störungs-Inventar (PSSI; Kuhl & Kazén, 2009) oder der Stressverarbeitungsfragebogen (SVF; Erdmann & Janke, 2008).

Relevanz für die Einschätzung der Erziehungsfähigkeit

Anhand dieser Verfahren erhobene Befunde können ggf. relevante Informationen z. B. zur Einschätzung der Erziehungsfähigkeit liefern. Hierbei sind jedoch die unter Abschnitt 3.2 diskutierten Unterschiede in der Bewertung der Erziehungsfähigkeit im Kinderschutzverfahren (die vielmehr auf eine Erfassung von Erziehungs*un*fähigkeit abzielen) vs. der Gegenüberstellung der Erziehungsfähigkeit von Elternteilen im Sorge- und/oder Umgangsrechtsverfahren zu beachten. So überschneiden sich beispielsweise einige Skalen des NEO-PI-R (z. B. „Impulsivität", „Durchsetzungsfähigkeit", „Altruismus" oder „Pflichtbewusstsein") mit Konstrukten, die unter die Definition von Erziehungsfähigkeit gefasst werden. Selbsteinschätzungen von Elternteilen über die Ausprägung entsprechender Facetten können zur Gesamtbewertung der noch bzw. nicht mehr ausreichenden Erziehungsfähigkeit beitragen, sofern sie mit entsprechenden auf den Elternexplorationen basierenden Befunden in Bezug gesetzt werden und Kongruenzen und Divergenzen analysiert werden. Im Sinne des multimethodalen Ansatzes können so die anhand der Selbsteinschätzung der zu begutachtenden Personen gewonnenen Erkenntnisse zu der gutachterlichen Fremdeinschätzung in Bezug gestellt werden.

Bei der Einschätzung der Erziehungsfähigkeit als Sorgerechtskriterium hilft die Gegenüberstellung von Persönlichkeitsmerkmalen der Elternteile hingegen zumeist wenig weiter, da sich hieraus keine tragfähigen Schlussfolgerungen über eine „bessere" Erziehungseignung ableiten lassen. Darüber hinaus sind allgemeine Einschränkungen für Selbstbeobachtungen zu beachten, wie z. B. die Schwierigkeit, Selbstbeobachtungen überhaupt vorzunehmen, deren Resultate korrekt abzuspeichern und zu erinnern sowie Urteile darüber abzugeben (Schmidt-Atzert & Amelang, 2018). Zudem sind Selbstbeobachtungsverfahren im Begutachtungskontext sicherlich besonders anfällig für auf Selbsttäuschung oder auf sozialer Erwünschtheit basierende Verzerrungen im Antwortverhalten, was bei der Bewertung entsprechender Befunde berücksichtigt werden muss.

Einsatz klinischer Screeningverfahren

Über den Einsatz von Verfahren zur Intelligenz- und Persönlichkeitsdiagnostik hinaus kann auch der Einsatz klinischer Screeningverfahren mit Elternteilen denkbar sein. Beispiele sind störungsübergreifende Verfahren wie die *Symptom-Checkliste* (SCL-90-S; Franke, 2014), störungsspezifische Verfahren wie das *Beck-Depressions-Inventar* (BDI-II; Beck, Steer & Brown, 2009), die *Borderline-Symptom-Liste* (BSL; Bohus, Limberger, Frank, Sender, Gratwohl & Stieglitz, 2001), das *Inventar Klinischer Persönlichkeitsakzentuierungen* (IKP; Andresen, 2006), das *Borderline-Persönlichkeits-Inventar* (BPI; Leichsenring, 1997) sowie Screeningverfahren zum Substanzkonsum wie z. B. der *Alcohol Use Disorders Identification Test* (AUDIT; Babor, Higgins-Biddle, Saunders & Monteiro, 2001). Wichtig ist, dass mit diesen psychometrischen Testverfahren keine Aussage über das Vorliegen einer psychischen Störung gemacht werden soll bzw. kann. Psychische Störungen lassen sich mittels Screening- und Fragebogenverfahren nicht diagnostizieren. Es können so jedoch strukturierte Hinweise auf die Notwendigkeit einer weiterführenden klinischen Diagnostik und des Hinzuziehens weiterer (ggf. auch psychiatrischer) Fachkräfte erhoben werden.

4.4 Diagnostik von Psychopathologie und Grenzen der Diagnostik im Rahmen der Begutachtung

Eine besonders schwierige, wenngleich nicht seltene Konstellation stellen Begutachtungen in Fällen dar, in denen ein oder beide Elternteile oder auch ein Kind psychisch erkrankt sind oder Familienmitglieder subklinische Symptome psychischer Störungen zeigen.

Diagnostik von Psychopathologie im Rahmen der Begutachtung

Eine Analyse von 297 Sachverständigengutachten, die für verschiedene Gerichte in Norddeutschland zwischen 2008 und 2012 erstellt wurden, zeigte, dass die Gesamtauftretenshäufigkeit psychischer Auffälligkeiten von Elternteilen in dieser Stichprobe deutlich höher war als allgemeine Prävalenzen psychischer Störungen im Erwachsenenalter. Eine psychische Auffälligkeit der Mutter und eine psychische Auffälligkeit des Vaters traten signifikant häufiger in Fällen auf, die im Kontext von Verfahren zum Entzug elterlicher Sorge begutachtet wurden, als in sorge- und umgangsrechtlichen Fällen. Unter den auftretenden Störungsbildern zeigten sich am häufigsten Substanzabhängigkeiten/-missbrauch, Depressionen und Persönlichkeitsstörungen (Zumbach, 2016). Insbesondere Substanzabhängigkeiten und Persönlichkeitsstörungen wirken sich in aller Regel negativ auf das Erziehungs- und Beziehungsverhalten von Pflegepersonen aus und zeigen Zusammenhänge mit den negativsten Entwicklungsverläufen von Kindern (Beckwith, Rodning, Norris, Phillipsen, Khandabi & Howard, 1994; Hynan, 2014; Kandel, 1990; Klasen, Otto, Kriston, Patalay, Schlack & Ravens-Sieberer, 2015; Lenz, 2014; McNichol & Tash, 2001; Miller, Smyth & Mudar, 1999; Nair, Schuler, Black, Kettinger & Harrington, 2003; Paris, Herriott, Holt & Gould, 2015; Suchman & Luthar, 2000).

Für psychisch kranke Elternteile gilt jedoch, dass das Vorliegen einer psychischen Störung nicht automatisch Erziehungsunfähigkeit bedeutet. Es muss im Einzelfall herausgearbeitet werden, welche Symptomatik akut gegeben ist und wie sich diese auf die elterliche Erziehungsfähigkeit und das daraus hervorgehende Erziehungs- und Versorgungsverhalten aktuell auswirkt (vgl. Dettenborn & Walter, 2016; Mattejat, 2019; Plattner, 2017; Salzgeber, 2015). Das Vorliegen einer psychischen Störung bei einem Elternteil stellt nicht in allen Fällen einen Prädiktor für Einschränkungen der Erziehungsfähigkeit oder

Psychisch kranke Elternteile und Erziehungsfähigkeit

eine Veränderungs*un*fähigkeit durch Interventionsmaßnahmen dar (Balloff, 2018; Benjet, Azar & Kuersten-Hogan, 2003). Die Auswirkungen psychischer Störungen auf die Erziehungsfähigkeit können je nach Art, Ausprägung und Verlauf der elterlichen Störung unterschiedlich sein. Neben der Art der Erkrankung können auch unspezifische, störungsübergreifende Merkmale wie Schweregrad, Komorbidität und Chronizität eine Auswirkung auf die kindliche Anpassung und Entwicklung haben (Lenz, 2014). Für eine vertiefende inhaltliche Auseinandersetzung mit der Thematik wird auf Schwabe-Höllein & Kindler (2006), Klein und Moesgen (2019), Mattejat (2019) oder Plattner (2017) verwiesen.

Diagnostisches Vorgehen

Für das diagnostische Vorgehen im Rahmen der Sachverständigentätigkeit lässt sich ableiten, dass zunächst zu unterscheiden ist, ob eine Diagnose einer psychischen Störung eines Elternteils oder des Kindes bereits vorliegt, oder ob im Rahmen der Begutachtung erstmals Hinweise auf Symptome auftauchen, die bislang nicht weiterführend diagnostisch untersucht und/oder dokumentiert wurden. Im ersten Fall ist dies bei der Ableitung der psychologischen Fragestellungen und des Untersuchungsplans auf Basis der Aktenlage bereits zu beachten, im zweiten Fall sind die psychologischen Fragestellungen im Begutachtungsverlauf entsprechend zu konkretisieren und zu ergänzen.

In Explorationsgesprächen mit Elternteilen sollte stets abgefragt werden, ob Diagnosen psychischer Störungen bei den Eltern oder Kindern vorliegen oder bereits psychotherapeutische und/oder psychiatrische Behandlung in Anspruch genommen wurde. Gegebenenfalls sollten schriftliche Befunde hierzu durch die oder den Sachverständigen oder das Gericht eingeholt werden.

Vorliegende Diagnose

Liegt bereits eine Diagnose vor, so ist durch die oder den Sachverständigen in einem dimensionalen Ansatz zu berücksichtigen, ob und wenn ja in welcher Ausprägung entsprechende Symptome akut vorliegen. Weiter spielen die Krankheitseinsicht und die Inanspruchnahme von psychotherapeutischer oder medikamentöser Behandlung etc. eine wichtige Rolle bei der Einschätzung möglicher Auswirkungen auf das Erziehungsverhalten (bei vorliegender Störung eines Elternteils) bzw. auf spezifische Erziehungsanforderungen an die Eltern (bei vorliegender Störung des Kindes) und bei der Einschätzung ggf. zu empfehlender spezifischer Hilfemaßnahmen.

Keine bisher vorliegende Diagnose

Liegt noch keine Diagnose vor, lassen sich aber im Rahmen der Begutachtung Symptome psychischer Störungen feststellen, sind die folgenden Überlegungen zu berücksichtigen. Die gängigen Klassifikationssysteme (International Statistical Classification of Diseases and Related Health Problems, ICD, oder Diagnostic and Statistical Manual of Mental Disorders, DSM) sehen die Vergabe kategorialer Diagnosen vor. Eine *kategoriale Klassifikation* verlangt die Bestimmung von Grenzwerten, die eine Zuordnung der Individuen zu diskreten Diagnoseklassen ermöglichen (Döpfner & Lehmkuhl, 1997). Im Gegensatz zu dem kategorialen Klassifikationsansatz psychischer Störungen geht man nach der *dimensionalen Klassifikation* davon aus, dass sich psychische Störungen als kontinuierlich verteilte Merkmale darstellen (vgl. Achenbach & Rescorla, 2007; Döpfner & Lehmkuhl, 1997). Von größerer Relevanz ist im gegebenen Kontext in der Regel die dimensionale Beschreibung im Begutachtungskontext festgestellter Symptome und ihrer Auswirkungen auf die rechtspsychologischen Prüfkriterien. In der dimensionalen Beschreibung sollte jedoch zur Einordnung psychischer Auffälligkeiten nach den beschriebenen Symptomen eine Orientierung an den Klassifikationssystemen ersichtlich sein.

Beurteilung im dimensionalen Ansatz

Im Einzelfall kann es über die dimensionale Beschreibung hinausgehend notwendig sein, auftretende Störungsbilder oder das Störungsspektrum bei Elternteilen oder Kindern nach dem kategorialen Ansatz zu benennen. Dies kann das Ausmaß der hierin begründeten Einschränkung in der Erziehungsfähigkeit bzw. den sich hieraus ergebenden Hilfebedarf oder das Ausmaß einer beim Kind bereits eingetretenen Schädigung deutlich machen. Das Übersehen von Diagnosen kann beispielsweise in der Bewertung der Erziehungsfähigkeit und der Ableitung notwendiger Hilfemaßnahmen zu erheblichen Fehleinschätzungen führen.

Notwendigkeit einer kategorialen Klassifikation

Strukturierte klinische Interviews zur Erfassung psychischer Störungen können auch im Begutachtungskontext eingesetzt werden, sofern sich dies im jeweiligen Fall begründen lässt (vgl. Abschnitt 4.1.1). Diese Verfahren zeichnen sich durch eine Standardisierung der Befragungssituation aus und erlauben klinische Diagnosen. Für einige Verfahren liegen Untersuchungen zur Beurteilerübereinstimmung und zur Retest-Reliabilität vor, die jedoch durchmischte Ergebnisse liefern (vgl. Schmidt-Atzert & Amelang, 2018). Die psychologische Begutachtung im Familienrecht zielt zwar nicht primär auf das Erkennen und nie auf die Behandlungsplanung einer psychischen Störung ab. Psychische Störungen können die elterliche Erziehungsfähigkeit jedoch in wesentlichem Maße beeinflussen, weshalb eine Diagnosestellung im zu begründenden Einzelfall zur Bewertung der Erziehungsfähigkeit sowie zur Ableitung einer Interventionsprognose erforderlich sein kann. Sollte eine solche Diagnostik erforderlich werden (ggf. auch unter Hinzuziehung weiterer Fachkräfte), sind Aspekte der Transparenz und Aufklärungspflicht gegenüber Elternteilen zu berücksichtigen.

Diagnosestellung im zu begründenden Einzelfall

Gegebenenfalls kann die sachverständige rechtspsychologische Expertise hier an ihre Grenzen kommen und es kann erforderlich sein, eine psychotherapeutische, psychiatrische oder medizinische Expertise hinzuzuziehen. Einzuschätzen, ob dies im Einzelfall notwendig ist, ist Aufgabe der oder des Sachverständigen und des Gerichts. In jedem Fall sollte diesbezüglich mit dem Gericht Rücksprache gehalten werden.

4.5 Gespräche mit beteiligten Fachkräften und Einholung fremdanamnestischer Angaben

Schweigepflichtentbindungen

Informationen, die durch die oder den Sachverständigen von weiteren beteiligten Fachpersonen (z. B. Jugendamt, Verfahrensbeistandschaft, Familienhilfe, Lehrkräfte, Erzieher_innen, Kinderärzt_innen, Psychotherapeut_innen etc.) eingeholt werden, sind eigenständige Informationsquellen und können zur Ergänzung oder Validierung der eigenen Ergebnisse herangezogen werden. Hierfür müssen allerdings vorab personenbezogene Schweigepflichtentbindungen eingeholt werden.

Kriterienorientierte Gespräche mit Dritten

Es gilt, dass Gespräche mit Dritten ebenfalls kriterienorientiert erfolgen sollten. Gegebenenfalls können auch standardisierte Screeninginstrumente eingesetzt werden, wie der *Lehrerfragebogen über das Verhalten von Kindern und Jugendlichen* aus der Child Behavior Checklist (TRF/6-18R; Döpfner et al., 2014) oder die *Entwicklungsbeobachtung und -dokumentation* (EBD) in der Version für Erzieherinnen und Erzieher (Petermann, Petermann & Koglin, 2019; Koglin, Petermann & Petermann, 2019).

Grundsätzlich gilt, dass nur Beobachtungen, nicht aber Meinungen oder Wertungen hinsichtlich der durch die oder den Sachverständigen zu prüfenden Kriterien eingeholt werden sollten. Besonders im Austausch mit am Verfahren beteiligten Fachpersonen (Jugendamt, Verfahrensbeistandschaft) sollte vermieden werden, sich gegenseitig in seinen Vorannahmen zu bestätigen (vgl. Salzgeber, 2015). Sachverständige unterliegen der Schweigepflicht. Entbunden wird nur die Person, die durch die oder den Sachverständigen befragt wird. Das Weitergeben von vorläufigen Befunden oder sonstigen Informationen durch die oder den Sachverständigen an befragte andere Fachkräfte ist unzulässig. Dies sollte vorab transparent kommuniziert werden. Gegebenenfalls ist es im Sinne einer transparenten Darlegung gegenüber den Beteiligten und dem Gericht sinnvoll, relevante Angaben von dritten Fachpersonen schriftlich einzuholen.

4.6 Gespräche mit weiteren Familienangehörigen

Einsatz prüfkriterienbasierter Explorationsleitfäden im Gespräch mit Dritten

Das Einholen von Beobachtungen durch weitere Familienangehörige (z. B. Großeltern, neue Lebenspartner, nicht im Begutachtungsauftrag benannte [Halb-]Geschwister) kann erforderlich sein, wenn diese auf Beobachtungen beruhende Daten liefern, die hinsichtlich der Prüfkriterien relevant sind (z. B. Beobachtungen über kindliche Verhaltensweisen, den kindlichen Entwicklungsverlauf etc.). Auch hier sind konkrete, prüfkriterienbasierte Explorationsleitfäden zu entwickeln und einzusetzen. Es ist jedoch grundsätzlich fraglich, ob weitere Familienangehörige, die in der Regel zwangsläufig emotional am Geschehen beteiligt sind, Daten frei von subjektiven Interpretationen liefern können, die in der Einschätzung der rechtspsychologischen Prüfkriterien verwendet werden können.

4.7 Hausbesuche

Grundsätzlich ist die Durchführung von Hausbesuchen im Rahmen der familienrechtspsychologischen Begutachtung möglich. Dabei zielen Hausbesuche durch Sachverständige jedoch in der Regel nicht darauf ab, die örtlichen Verhältnisse oder die Pflegezustände der Wohnung zu prüfen. Dies ist primär Aufgabe der Jugendämter. Vielmehr geht es darum, sich im Rahmen von Hausbesuchen ein Bild über die alltäglichen Aufwuchs- und Entwicklungsbedingungen eines Kindes machen und die psychologischen Befunde vor diesem Hintergrund einordnen zu können. Im Sinne des Transparenzkriteriums sollten Hausbesuche durch Sachverständige stets angekündigt erfolgen. Ob ein Hausbesuch durchgeführt wird, ist abhängig vom Vorgehen der oder des Sachverständigen und von der diagnostischen Notwendigkeit (Salzgeber, 2015).

So kann es unter diagnostischen Gesichtspunkten aufschlussreich sein, Verhaltensproben des Kindes in verschiedenen Settings zu beobachten (vertrautes, häusliches Umfeld vs. neutrale Praxisräume), um Konvergenzen und Divergenzen im Verhalten aufzudecken und so zur Validierung der auf den Verhaltensbeobachtungen basierenden Schlussfolgerungen beizutragen. Gerade bei jüngeren oder stark belasteten Kindern kann die erste Kontaktaufnahme und das Kennenlernen beim Hausbesuch eine Entlastung für das Kind darstellen, da so eine vertraute Gesprächsatmosphäre begünstigt werden kann (hier sollte jedoch aus Gründen der Neutralität ein Fokus auf die Exploration konfliktferner Themen gelegt werden).

Verhaltensproben des Kindes in verschiedenen Settings

Kinder haben bei einer solchen Kontaktaufnahme die Möglichkeit, im Beisein ihrer Hauptbezugspersonen in ihrer gewohnten Umgebung die oder den Sachverständigen kennenzulernen und sich ihm selbstbestimmt zu nähern. Entsprechend kann es sich anbieten, den Hausbesuch nach den ersten Explorationsgesprächen mit den Eltern durchzuführen. Geht es um gerichtliche Fragestellungen nach Trennung und Scheidung, ergibt sich insofern ein zweiter Hausbesuch in der jeweils anderen Lebenswelt. Dies ist nicht nur aus paritätischen Gründen sinnvoll, sondern ergibt sich auch mit Blick auf die im Normalfall wichtige zweite Lebenswelt der Kinder, die es ebenfalls kennenzulernen gilt (Lübbehüsen & Kolbe, 2013).

Kontaktaufnahme im Hausbesuch

Hausbesuch als Bestandteil der Untersuchungsplanung

Ein Hausbesuch bietet die Möglichkeit zur Weiterentwicklung und Konkretisierung der psychologischen Fragestellungen und zur Konkretisierung der Untersuchungsplanung. Beispielsweise können vorläufige Befunde auf Basis von Verhaltensbeobachtungen generiert werden, die anschließend in strukturierten Verhaltens- und Interaktionsbeobachtungen in neutralen Praxisräumen weiterführend diagnostisch untersucht werden (Lübbehüsen & Kolbe, 2013).

Problematiken des Hausbesuchs

Konfliktnahe Themen sollten mit Kindern jedoch nicht im Hausbesuch, sondern in neutralen Praxisräumen exploriert werden, um die Neutralität und einen angemessenen Grad an Strukturierung der Gesprächssituation zu gewährleisten. Gleiches gilt für Verhaltens- und Interaktionsbeobachtungen. Problematisch ist sonst, dass Störvariablen bei Hausbesuchen nicht kontrollierbar sind. Zudem ist nicht kontrollierbar, welche weiteren Personen durch die Eltern zu der Situation hinzugezogen werden. Es ist davon auszugehen, dass die häusliche Situation für den Hausbesuch durch die Eltern vorbereitet wird. Darüber hinaus sind kulturspezifische Gegebenheiten zu berücksichtigen (Lübbehüsen & Kolbe, 2013; Salzgeber, 2015).

Über die Ausgestaltung des Hausbesuchs hat die oder der Sachverständige vor dem Hintergrund der Angemessenheit des Vorgehens zu entscheiden. Grundsätzlich gilt, dass es im Einzelfall durch die oder den Sachverständigen begründet werden muss, warum ein Hausbesuch durchgeführt wird oder unterbleibt. Unter Kostenaspekten werden Hausbesuche ebenfalls kritisch diskutiert, zudem gilt auch hier das Verhältnismäßigkeitsgebot (Salzgeber, 2015; vgl. Abschnitt 3.3).

4.8 Gemeinsame Elterngespräche und Hinwirken auf Einvernehmen

Ob ein gemeinsames Elterngespräch durchgeführt wird, ist ebenfalls eine fachliche Entscheidung der oder des Sachverständigen im Einzelfall (Salzgeber, 2015). Hierbei ist grundsätzlich zu unterscheiden, ob ein gemeinsames Elterngespräch diagnostischen Zwecken dient oder im Rahmen eines intervenierenden gutachterlichen Vorgehens stattfindet. Dient das Gespräch *diagnostischen Zwecken* (z. B. hinsichtlich des Konstrukts der elterlichen Kooperationsfähigkeit und -bereitschaft), so sind ethische Aspekte sowie das Verhältnismäßigkeitsgebot abzuwägen. Gerade bei Hochkonfliktfamilien können gemeinsame Gespräche kontraindiziert sein, da sie zu weiteren persönlichen Verletzungen führen können oder die Nähe des anderen als Belastung erlebt wird (z. B. nach dem Auftreten von häuslicher Gewalt). In Fällen von (drohender) Kindeswohlgefährdung, in denen keine Elterntrennung

Gemeinsames Elterngespräch zu diagnostischen Zwecken

stattgefunden hat, können gemeinsame Elterngespräche im Rahmen der Diagnostik einzelner Bereiche des Konstrukts der Erziehungsfähigkeit dienen und auch eine Grundlage bilden, um Ressourcen auf der Elternebene herauszuarbeiten.

Nach § 163 Abs. 2 FamFG kann das Gericht in Verfahren, die die Person des Kindes betreffen, anordnen, dass die oder der Sachverständige bei der Erstellung des Gutachtens auf die *Herstellung des Einvernehmens* zwischen den Beteiligten hinwirken soll. Dies stellt eine Besonderheit des gutachterlichen Vorgehens dar, die an dieser Stelle kurz skizziert, jedoch im Rahmen dieses Bandes nicht ausführlich vertieft werden kann (vgl. vertiefend dazu u.a. Bergau, 2014; Fichtner, 2015).

<small>Gemeinsame Elterngespräche zum Hinwirken auf Einvernehmen</small>

Ein intervenierendes Vorgehen der oder des Sachverständigen mit dem Ziel des Hinwirkens auf Einvernehmen setzt voraus, dass (a) eine vollständige familienrechtspsychologische Diagnostik durchgeführt und dokumentiert wurde; das Hinwirken auf Einvernehmen ein anschließender Schritt in der Begutachtung ist und (b) ein entsprechender direkter Auftrag des Gerichts oder eine fallspezifische Absprache mit dem Gericht vorliegt, die auch während des Begutachtungsprozesses getroffen werden kann. Die gutachterliche Intervention kann im Einzelfall viele Formen annehmen, beinhaltet jedoch häufig gemeinsame Elterngespräche oder „runde Tische", in denen (in Absprache mit dem Gericht) einzelne Ergebnisse dargelegt und gemeinsam erörtert werden. Manchmal ist es sinnvoll, gemeinsamen Interventionsgesprächen intervenierende Einzelgespräche voranzustellen.

<small>Voraussetzungen und Ablauf der Intervention</small>

Das intervenierende Vorgehen setzt voraus, dass die erforderliche Diagnostik abgeschlossen ist bzw. die sachverständige Einschätzung klar und entsprechend durch diagnostische Ergebnisse abgesichert ist. Die diagnostische Basis zur Beantwortung der gerichtlichen Fragestellungen muss unabhängig von dem Gelingen der Erarbeitung einer einvernehmlichen Regelung gegeben sein.

<small>Erarbeitung einer einvernehmlichen Regelung</small>

In ein Elterngespräch sollte die oder der Sachverständige vor dem Hintergrund der eigenen diagnostischen Befunde ggf. mit einer eindeutigen Position hineingehen, jedoch darauf achten, dass die Kindeseltern selbst aktiv und konstruktiv – bzw. unter gutachterlicher Moderation – eine Lösung bzw. ein Einvernehmen erarbeiten. Dies setzt voraus, dass die oder der Sachverständige allen Beteiligten transparent macht, wann die diagnostischen Untersuchungen abgeschlossen sind und wann die Intervention beginnt.

Vor Beginn der Intervention sollte das Gericht über den Sachstand informiert werden. Ebenso sollten die Rechtsvertretungen der Parteien über den Beginn des intervenierenden Vorgehens informiert werden. Ein Hinwirken auf Ein-

<small>Kommunikation mit dem Gericht vor Beginn der Intervention</small>

vernehmen setzt neben der Beauftragung durch das Gericht auch ein Einverständnis durch die Eltern voraus. Bei einem Scheitern des Hinwirkens auf Einvernehmen muss es stets möglich sein, ein Gutachten zu erstellen und die gerichtlichen Fragen umfassend zu beantworten (vgl. Bergau & Walper, 2011; Fichtner, 2015; Lübbehüsen & Kolbe, 2009, 2014).

5 Bewertung der diagnostischen Einzelbefunde und Gutachtenerstellung

5.1 Systematisierung der diagnostischen Ergebnisse und Vorbereitung der schriftlichen Gutachtenerstellung

Nach Durchführung und Auswertung der einzelnen diagnostischen Bausteine müssen die anhand psychodiagnostischer Expertise gewonnenen Ergebnisse systematisiert und für die Bewertung aus rechtspsychologischer Perspektive vorbereitet werden. Zentral ist es hier, sich erneut die Systematik der begutachtungsleitenden Fragestellungen (vgl. Abschnitt 3.2) vor Augen zu führen, die sowohl das diagnostische Vorgehen als auch die schriftliche Gutachtenerstellung in allen Abschnitten leitet und strukturiert.

Orientierung an der Systematik der begutachtungsleitenden Fragestellungen

In Abbildung 5 wird diese Systematik unter Bezug auf die Fragestellung des Auftraggebers, die Art der notwendigen Kindeswohlprüfung und die auf Basis der rechtspsychologischen Prüfkriterien abgeleiteten fallspezifischen psychologischen Fragestellungen visualisiert. So könnte die gerichtliche Fragestellung beispielsweise lauten: „Sind die Eltern in der Lage, ein einvernehmliches Konzept hinsichtlich der zukünftigen Aufteilung der Elternverantwortung zu erarbeiten?" Daraus leitet sich die Notwendigkeit einer negativen Kindeswohlprüfung ab („Widerspricht die gemeinsame elterliche Sorge dem Kindeswohl nicht?"). Aus den Sorgerechtskriterien werden unter Berücksichtigung fallspezifischer Vorinformationen die einzelfallbezogenen psychologischen Fragestellungen und der Untersuchungsplan abgeleitet. Die Durchführung dieser Arbeitsschritte erfordert spezifische rechtspsychologische Expertise. Während die nachfolgende Durchführung und Auswertung der einzelnen psychodiagnostischen Bausteine überwiegend allgemeine psychodiagnostische Expertise erfordert, ist hinsichtlich der abschließenden Bausteine (Beantwortung der fallspezifischen psychologischen Fragestellungen, Kindeswohlprognose/kindeswohlorientierte Einschätzung und Beantwortung der gerichtlichen Fragestellung) spezifische rechtspsychologische Expertise vonnöten.

Hiermit wird nochmals deutlich, dass aufgrund des hohen Anteils notwendiger rechtspsychologischer Expertise zur Durchführung wesentlicher Arbeitsschritte die familienrechtspsychologische Begutachtung eindeutig den foren-

Spezifik rechtspsychologischer Expertise

Erfordert spezifische rechtspsychologische Expertise	Gerichtliche Fragestellung	Analyse des Auftrags und der Ausgangslage
	Art der Kindeswohlprüfung	Systematisierung in positive Kindeswohlprüfung/negative Kindeswohlprüfung/ Gefährdungsabgrenzung
	Fallspezifische psychologische Fragestellungen und Untersuchungsplan	Einzelfallbezogene Ableitung unter Bezug auf Sorgerechtskriterien/Kindeswohlkriterien/ Umgangskriterien
Erfordert allgemeine psychodiagnostische Expertise	Durchführung und Auswertung der einzelnen psychodiagnostischen Bausteine	
Erfordert spezifische rechtspsychologische Expertise	Beantwortung der fallspezifischen psychologischen Fragestellungen	Bewertung der rechtspsychologischen Kriterien
	Ergebnis der Kindeswohlprognose/kindeswohlorientierten Einschätzung	Gewichtung der Kriterien, ggf. Risikobestimmung
	Beantwortung der gerichtlichen Fragestellung	Beantwortung der Fragen des Auftraggebers auf Basis der vorangestellten Systematik

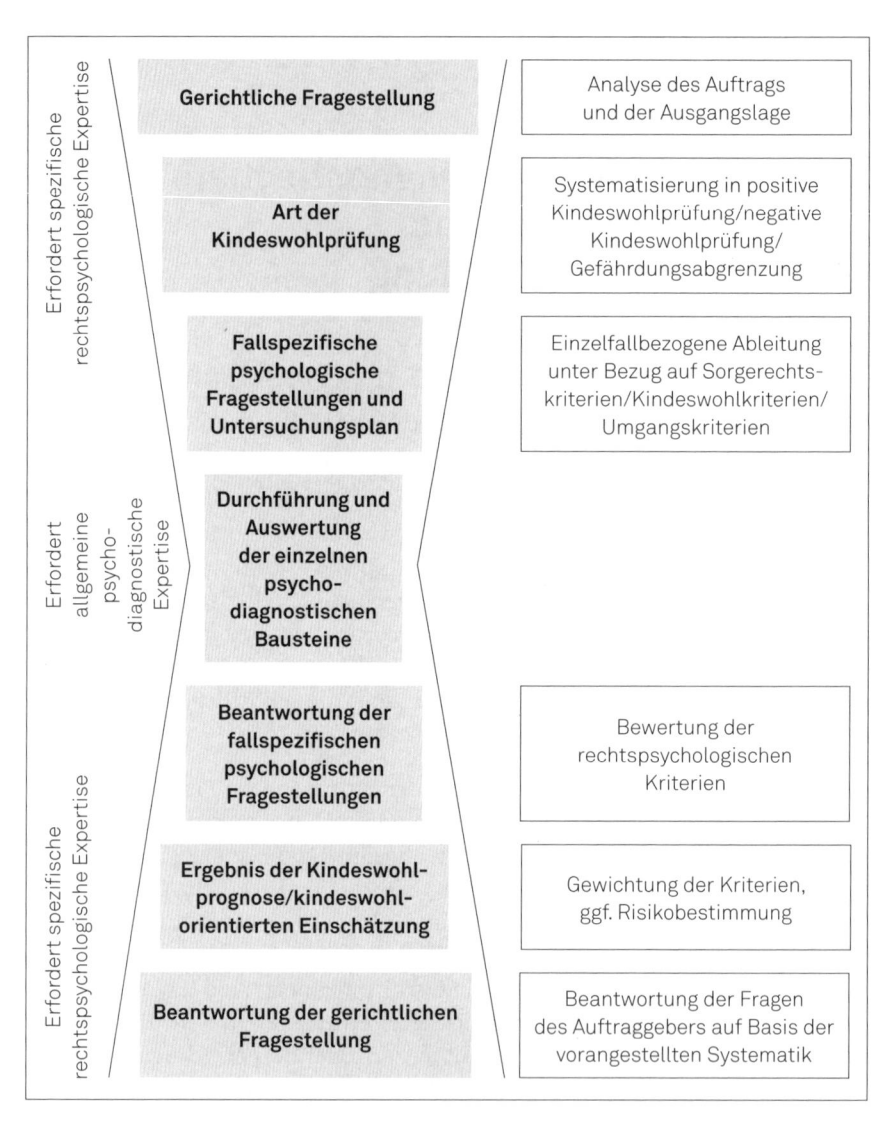

Abbildung 5: Systematik der Generierung und Beantwortung der begutachtungsleitenden Fragestellungen

sischen Begutachtungen zugeordnet werden sollte (vgl. Oberlander Condie, 2003). Wenngleich die Familienrechtspsychologie im Entwicklungsverlauf der Disziplin nur zögerlich unter die forensische Spezialisierung gefasst wurde, erkennen Gerichte, beteiligte Parteien und Institutionen mehr und mehr die Notwendigkeit an, dass psychologische Gutachterinnen und Gutachter im Familienrecht eine forensische Ausbildung und Erfahrung benötigen. Während die Berufsidentität von familienrechtspsychologischen Gutachterinnen und Gutachtern traditionell näher bei Entwicklungspsychologinnen und Entwicklungspsychologen oder bei (Kinder- und Jugendlichen-)Psychotherapeut_innen lag, kann deutlich herausgearbeitet werden, dass diese Spezialisierung nicht ausreicht. Über eine (entwicklungs-)psychopathologische Einschätzung hinaus stellen beispielsweise auch Fragen nach der Suggestibilität in der Erinnerung von Kindern, Verzerrungen und Angaben nach sozialer Erwünschtheit in Elternangaben, falsche Anschuldigungen sowie falsche Misshandlungs- und Missbrauchsvorwürfe etc. besondere Anforderungen an die psychologischen Sachverständigen. Andererseits werden forensische Gutachter_innen mit wenig Verständnis für die Entwicklung von Kindern, fehlenden Theorien und Kenntnissen über das Elternverhalten, über die Bindung von Eltern und Kindern, über Auswirkungen von Misshandlungs- und Missbrauchserfahren oder Elterntrennungen sowie über Behandlungsergebnisse von Interventionsmaßnahmen Gefahr laufen, Gutachten mit technischer Korrektheit, aber wenig klinischer Komplexität zu erstellen (Oberlander Condie, 2003).

Hinsichtlich der unterschiedlichen Anforderungen kommen spezielle ethische Herausforderungen hinzu, die auch mit der besonderen Stellung der Sachverständigen im Gerichtsverfahren einhergehen. Anders als im therapeutischen Setting erfolgt die Diagnostik nicht zur Behandlung und Reduzierung von Symptomen, sondern sie legitimiert im Extremfall erhebliche staatliche Eingriffe in Familiensysteme, zudem ist die Modalität der Auskunftspflicht grundverschieden. Dies zeigt nochmals auf, dass die forensisch-psychologische Bewertung zwar auch auf klinisch-diagnostischer Expertise aufbaut und eine solche stellenweise voraussetzt, jedoch nicht hiermit gleichzusetzen ist (vgl. Gould, Dale, Fisher & Gould, 2016).

Ethische Herausforderungen

Die Erstellung des schriftlichen Gutachtens kann auf Basis der in Abbildung 5 vorgeschlagenen Systematisierung vorbereitet werden. Das schriftliche Gutachten muss systematisch aufgebaut werden und ist grundsätzlich in einen einleitenden Teil (Auftrag, Akteninformationen, psychologische Fragestellungen, Untersuchungsplan und Methoden), einen Ergebnisbericht (Ergebnisse der einzelnen diagnostischen Bausteine) und einen Bewertungsteil (Bewertung der diagnostischen Ergebnisse anhand der rechtspsychologischen Prüfkriterien, Ableitung der kindeswohlorientierten Einschätzung und Beantwortung der Fragestellungen) gegliedert.

Erstellung des schriftlichen Gutachtens

Eine Beispielgliederung für ein Gutachten findet sich in Kasten 8 (vgl. hierzu auch Salzgeber, 2018; Westhoff & Kluck, 2014). Als übergeordnete Kriterien für die Güte der schriftlichen Gutachtenerstellung gelten die Nachvollziehbarkeit und die Transparenz der Darlegungen. Bei der Erstellung des Gutachtens ist stets auf die Trennung zwischen Darstellung der Untersuchungsergebnisse und der daraus folgenden Bewertung/Interpretation zu achten. Da familienrechtspsychologische Gutachten in der Regel die Einbeziehung mehrerer Personen beinhalten, kann die darzulegende Informationsfülle sehr umfangreich

Gliederung des Gutachtens

sein. Es gilt, sich in allen Darstellungen auf die wesentlichen Informationen für die Beantwortung der Fragestellungen zu beschränken (vgl. Salzgeber, 2015, 2018).

Kasten 8: Allgemeine Beispielgliederung eines familienrechtspsychologischen Gutachtens, im Einzelfall und je nach zugrundeliegender gerichtlicher Fragestellung anzupassen

---

Deckseite

Name und Berufsqualifikation der/des Sachverständigen
Personen- und verfahrensbezogene Daten
Richterliche Fragestellungen (Auftrag an die/den Sachverständigen)

1 Akteninformationen und Methoden
1.1 Auflistung von Erhebungssituationen und Informationsgrundlage
1.2 Informationen aus der Akte
1.3 Ableitung der psychologischen Fragestellungen
1.4 Untersuchungsplan
1.5 Untersuchungsmethoden

2 Ergebnisbericht
2.1 Untersuchung des Elternteiles I
  2.1.1 Explorationen und Verhaltensbeobachtungen auf Individualebene
  2.1.2 Testpsychologische Ergebnisse
2.2 Untersuchung des Elternteiles II
  2.2.1 Explorationen und Verhaltensbeobachtungen auf Individualebene
  2.2.2 Testpsychologische Ergebnisse
2.3 Untersuchung des Kindes
  2.3.1 Explorationen und Verhaltensbeobachtungen auf Individualebene
  2.3.2 Testpsychologische Ergebnisse
  2.3.3 Verhaltens- und Interaktionsbeobachtungen im Zusammensein mit den Kindeseltern
2.4 Fremdanamnestische Angaben

3 Bewertung der Ergebnisse und Beantwortung der psychologischen Fragestellungen
3.1 Psychologisch-diagnostische Bewertung kindbezogener Kriterien
3.2 Psychologisch-diagnostische Bewertung elternbezogener Kriterien

4 Ergebnis der kindeswohlorientierten Einschätzung/der Risikoanalyse und Beantwortung der gerichtlichen Fragestellungen
4.1 Ergebnis der kindeswohlorientierten Einschätzung/der Risikoanalyse und Kindeswohlprognose
4.2 Abschließende Beantwortung der gerichtlichen Fragestellungen und gutachterlicher Schluss

5 Literatur

5.2 Bewertung der Ergebnisse und Beantwortung der psychologischen Fragestellungen

Die Darstellung der anhand der einzelnen diagnostischen Ansätze gewonnenen Ergebnisse erfolgt im Ergebnisbericht (Teil 2 des Gutachtes). Die hier dargestellten Untersuchungsergebnisse werden anschließend verdichtet, auf Grundlage wissenschaftlicher Erkenntnisse interpretiert und in die Beantwortung der psychologischen Fragestellungen überführt (Bewertung der Ergebnisse in Teil 3 des Gutachtens). Es erfolgt je nach Fallkonstellation zunächst eine Zuordnung der einzelnen Untersuchungsergebnisse zu den Kindeswohlkriterien/Sorgerechtskriterien/umgangsrelevanten Kriterien. Dies setzt voraus, dass die zugrundeliegenden Kriterien bzw. Konstrukte im Methodenteil (Teil 1) des Gutachtens benannt und definiert wurden. So kann eine für die Leserin oder den Leser transparente Zusammenführung der multimethodal erhobenen Daten und eine systematische Zuordnung zu den rechtspsychologischen Konstrukten erfolgen (hierbei hilft auch nochmals die Vergegenwärtigung der Systematik des Untersuchungsplans, vgl. Kasten 2 auf Seite 34).

Zuordnung der Ergebnisse zu den psychologischen Prüfkriterien

Aufgrund der Fülle der erhobenen Daten ließe sich grundsätzlich eine Vielzahl an psychologischen Interpretationen treffen (z. B. aus entwicklungspsychologischer, psychodynamischer, systemischer Perspektive etc.). Zentral ist daher die Orientierung und Strukturierung der Interpretationsleistung an den fallspezifischen psychologischen Fragestellungen aus rechtspsychologischer Perspektive. Analog zu den psychologischen Fragestellungen bietet es sich an, die Bewertung der Untersuchungsergebnisse in kindzentrierte und elternzentrierte Kindeswohlaspekte zu untergliedern und zunächst jedes Prüfkriterium in sich geschlossen zu bewerten. Die Einschätzung der aktuellen psychischen Befindlichkeit des Kindes sollte hierbei übergeordnet erfolgen und übergreifender Bezugspunkt für die anschließende Bewertung der einzelnen rechtspsychologischen Kriterien sein (so gibt auch die Rechtslage eine potenzielle Schädigung des Kindes als übergeordnetes Prüfkriterium vor).

Übergeordnete Einschätzung der psychischen Befindlichkeit des Kindes

Ziel ist es, die kind- und elternbezogenen Besonderheiten und Gesetzmäßigkeiten kriterienspezifisch herauszuarbeiten. Empirisch-wissenschaftliche Erkenntnisse sollten eine der Ergebnisinterpretation angemessene Berücksichtigung finden. So kann die systematische Gewichtung der einzelnen Prüfkriterien im Zusammenhang mit der Ableitung der kindeswohlorientierten Einschätzung bzw. der Kindeswohlprognose (siehe hierzu Abschnitt 5.3) vorbereitet werden.

In Kasten 9 findet sich die exemplarische Bewertung des Sorgerechtskriteriums „Kindeswille" unter den insgesamt zu bewertenden kindbezogenen Kriterien. Die entsprechende psychologische Fragestellung wird exemplarisch beantwortet. In diesem Fallbeispiel steht der Lebensort eines 11-jährigen

Jungen infrage. Der Junge lebt bei der Tante mütterlicherseits, die Kindesmutter befindet sich seit mehreren Monaten auf einer psychiatrischen Station, es liegt die Diagnose einer Major Depression vor. Die Tante des Jungen lebt in direkter Nachbarschaft zum bisherigen Lebensort des Jungen im Haushalt der Kindesmutter. Der Kindesvater trennte sich von der Kindesmutter zwei Jahre nach Geburt des Sohnes und lebt nun in einer entfernten Stadt. Der Lebensort des Jungen bei der Kindesmutter war zunächst unstrittig, aufgrund des stationären Aufenthaltes der Kindesmutter hat der Kindesvater nun das alleinige Sorgerecht beantragt und möchte, dass der Junge ab sofort bei ihm und nicht bei der Tante lebt.

Kasten 9: Bewertung von Sorgerechtskriterien am Fallbeispiel

Fallbeispiel Murat, 11 Jahre, lebt bei Tante mütterlicherseits, Frage nach Verteilung der elterlichen Sorge und Lebensort des Kindes

Übergeordnetes Kriterium: Einschätzung der psychischen Befindlichkeit Murats

Hinsichtlich Murats aktueller *psychischer Befindlichkeit* traten im Begutachtungskontext deutliche Hinweise auf eine akute Beeinträchtigung auf (vgl. Ergebnisse der Explorationsgespräche sowie der Verhaltens- und Interaktionsbeobachtungen). Murat musste in der jüngeren Vergangenheit erhebliche Anpassungsleistungen erbringen, die seine psychischen Ressourcen wesentlich beansprucht haben. Auf psychologischer Ebene zählen zu den wichtigsten Aspekten, die diese Anpassungsleistung erforderlich gemacht haben und aufrechterhalten:
- Bewältigung des Beziehungsabbruchs zu seinen Hauptbezugspersonen in seinem Alltag,
- Integration in ein neues soziales Umfeld,
- Auseinandersetzung mit der psychischen Erkrankung der Kindesmutter,
- Kränkungserleben durch den Kindesvater durch nicht wahrgenommene Umgangskontakte,
- Auseinandersetzung mit Konflikterleben zwischen den Erwachsenen und hiermit verbundene Loyalitätskonflikte,
- Infragestellen seines Lebensortes im Kontext des Gerichtsverfahrens und hiermit verbundene wiederholte Befragungen durch Fachkräfte.

Hiermit ist für Murat eine Situation entstanden, die ihn emotional und psychisch erheblich beansprucht und seine Ressourcen erschöpft. Im Kontext der gutachterlichen Befunde (vgl. Ergebnisse der Explorationen, der Verhaltensbeobachtungen sowie des *Fragebogens zur Erhebung der Emotionsregulation bei Kindern und Jugendlichen*, FEEL-KJ) zeigte sich, dass Murat Strategien zur Bewältigung negativer Emotionen entwickelt hat, die überwiegend dem internalen Spektrum zuzuordnen sind. Solche Strategien nehmen die Unterstützung durch Bezugspersonen wenig in Anspruch und führen aus psychologischer Sicht häufig nicht zu einer vollständigen Auflösung negativer Emotionalität.

Aus dieser akut belasteten psychischen Situation Murats ergeben sich erhebliche zusätzliche Anforderungen an seine Bezugs- und Erziehungspersonen. Dies macht ein erheblich gesteigertes Ausmaß an Feinfühligkeit und Einfühlungsvermögen erforderlich sowie ein gesteigertes Vermögen, seine häufig nur verdeckt gezeigten Signale der Unterstützungsbedürftigkeit in der Emotionsregulation zu erkennen und zuverlässig und angemessen hierauf zu reagieren ...

Bewertung der folgenden kindzentrierten Kindeswohlkriterien im Zusammenhang mit Murats aktueller psychischer Befindlichkeit

...

Beziehung und Bindung Murats zu seinen Bezugspersonen

...

Bewertung des Kindeswillens

> Wie sind Murats Wille und seine Wünsche in Bezug auf die Lebensortfrage einzuschätzen? Lässt sich ein kindlicher Wille im Sinne einer zielorientierten, altersgemäß stabilen und autonomen Ausrichtung auf einen erstrebten Zielzustand (vgl. Dettenborn, 2017) bezüglich der Lebensortfrage feststellen? Wie ist ggf. sein Wille in Bezug auf sein Entwicklungsalter einzuschätzen? Wie ist sein Wille ggf. mit dem Kindeswohl vereinbar?

In Bezug auf die Lebensortfrage ist bei Murat ein *Kindeswille* festzustellen, der die rechtspsychologische Definition einer zielorientierten, altersgemäß stabilen und autonomen Ausrichtung auf einen erstrebten Zielzustand erfüllt (vgl. Dettenborn, 2017). In allen Explorationen gab Murat in verschiedenen Situationen (Einzelexploration im Hausbesuch, Einzelexploration im Rahmen des Begutachtungstermins mit anschließender Interaktionsbeobachtung im Beisein der Kindesmutter, Einzelexploration im Rahmen des Begutachtungstermins mit anschließender Interaktionsbeobachtung im Beisein des Kindesvaters) gegenüber dem Sachverständigen an, bei seiner Tante bleiben zu wollen, was sich im rechtspsychologischen Verständnis als Zielintention bewerten lässt (vgl. Dettenborn, 2017). Dies begründete Murat sowohl mit kognitiv als auch emotional geprägten Argumenten, die seinem kindlichen Erleben entstammen (soziale Anbindung in Schule und Umfeld, Unterstützungserleben durch die

Tante, Vermeidung eines Schulwechsels etc.). Gleichzeitig entspricht diese Willenshaltung seinen emotionalen Beziehungen und Bindungen an seine Bezugspersonen.

Die in der rechtspsychologischen Literatur vorgegebenen Mindestanforderungen, um vom Vorliegen eines kindlichen Willens ausgehen zu können (Zielorientierung, Intensität, Stabilität und Autonomie; vgl. Dettenborn, 2017), sind als gegeben einzuschätzen:

- *Kriterium der Zielorientierung:* Murat hat eine klare Vorstellung entwickelt, was sein soll (Verbleib bei der Tante), bzw. was nicht sein soll (Lebensortwechsel zu dem Kindesvater). Er verfügt über ein Bewusstsein, wie er dies erreichen kann (indem er seinen Willen und entsprechende Gedanken dazu gegenüber dem Verfahrensbeistand, dem Gericht und der Sachverständigen schilderte).
- *Kriterium der Intensität:* Somit hat er die Erklärung dieses Ziels trotz erheblicher emotionaler Belastung mit Nachdrücklichkeit und Entschiedenheit verfolgt und hierbei subjektive Hemmnisse überwunden (Murat gab an, sehr „aufgeregt" durch die immer wiederkehrenden Befragungssituationen durch ihm unbekannte Fachpersonen zu sein; zudem beschrieb er gleichzeitige Loyalitätskonflikte gegenüber dem Kindesvater).
- *Kriterium der Stabilität:* Murat hat seine Willenshaltung über den Zeitraum von fast einem Jahr gegenüber verschiedenen Personen und unter verschiedenen Umständen beibehalten (sowohl im Begutachtungsprozess als auch gegenüber dem Verfahrensbeistand sowie dem Gericht, vgl. Akteninformationen).
- *Kriterium der Autonomie:* Murats Willenshaltung ist aus gutachterlicher Sicht Ausdruck einer individuellen, selbst initiierten Strebung, wenngleich das Kriterium der Autonomie aus gutachterlicher Sicht am wenigsten eindeutig erfüllt ist. Es ist nach Einschätzung der Sachverständigen nicht auszuschließen, dass Fremdeinflüsse an der Formierung der Willenshaltung Murats beteiligt waren, (z. B. durch das verbale und nonverbale Miterleben der Haltungen der Tante und der Kindesmutter, vgl. hierzu auch Akteninformationen), die bei Murat auch eine emotionale Komponente aktivierten (z. B. kindliche Angst, in eine Pflegefamilie zu müssen, vgl. auch hierzu Akteninformationen). Dies ist jedoch kein Ausschlusskriterium für das Vorliegen eines Kindeswillens im rechtspsychologischen Verständnis, da Willenshaltungen letztlich immer eingebettet in den individuellen psychosozialen Kontext entstehen (sowohl bei Kindern als auch bei Erwachsenen). Dies verändert nicht, dass die Willenshaltung zur eigenen wird und für eine eigene Selbstwirksamkeitserwartung steht.

...

> *Abwägung des Risikos bei Beachtung vs. Nichtbeachtung des Kindeswillens:* Im Sinne des Kindeswohls ist Murats Kontrollverlusterleben in jedem Fall zu reduzieren und mit Erfahrungen zu begegnen, in denen Murat sein Selbstwirksamkeitserleben und seine Kontrollüberzeugungen gestärkt sieht. In der Bewältigung hiermit assoziierter negativer Emotionen sollte er Unterstützung erfahren (vgl. hierzu auch Ergebnisse des FEEL-KJ). Das Übergehen seines kindlichen Willens würde aus psychologischer Sicht zur Gefährdung seiner fortschreitenden Entwicklung in den genannten Bereichen führen, wodurch mit sehr hoher Wahrscheinlichkeit wiederum andere auf ihn zukommende Entwicklungsaufgaben (z. B. Entwicklung des Selbstkonzepts, Identitätsentwicklung etc.) nachteilig betroffen würden. Im schlechtesten Fall wäre die Entstehung psychischer Folgestörungen begünstigt. In diesem Zusammenhang ist ebenfalls zu beachten, dass die psychische Erkrankung eines Elternteils sowohl aus genetischer als auch aus psychosozialer Perspektive einen erheblichen Risikofaktor für die Entstehung psychischer Störungen beim Kind darstellt, sodass bei Murat bereits mit hoher Wahrscheinlichkeit von einer erhöhten Vulnerabilität auszugehen ist (Klasen, Otto, Kriston, Patalay, Schlack & Ravens-Sieberer, 2015; Laucht, Esser & Schmidt, 1992; Lenz, 2014).
>
> *Bewertung von Kontinuitätsaspekten ...*

5.3 Ableitung der kindeswohlorientierten Einschätzung und Beantwortung der gerichtlichen Fragestellungen unter Berücksichtigung empirischer Befunde und ihrer Grenzen

Am Ende des Gutachtens müssen die im Einzelnen bewerteten Prüfkriterien gewichtet und zueinander in Bezug gestellt werden. Dies mündet in die Ableitung der kindeswohlorientierten Einschätzung bzw. in die Ableitung der Kindeswohlprognose. Abschließend werden die gerichtlichen Fragestellungen beantwortet. Die Systematik dieser Herleitungen unterscheidet sich je nach zugrundeliegendem diagnostischen Auftrag, der sich aus dem gerichtlichen Verfahren ergibt (Sorgerechts-, Umgangsrechts- oder Kinderschutzverfahren). Wie in Kapitel 2 ausgeführt, ist insbesondere zu beachten, ob in der entsprechenden Fallkonstellation die zu prüfende Frage zugrunde liegt, was dem Kindeswohl „am besten entspricht" bzw. „dient" (positive Kindeswohlprüfung), was dem Kindeswohl „nicht widerspricht" (negative Kindeswohlprüfung), oder

Ableitung der kindeswohlorientierten Einschätzung in Abhängigkeit der zugrundeliegenden Fallkonstellation

ob „das Wohl des Kindes andernfalls gefährdet wird" (Gefährdungsabgrenzung), wobei auch ein gestuftes und kombiniertes Vorgehen impliziert sein kann (vgl. Abschnitt 2.5).

Positive Kindeswohlprüfung, Negative Kindeswohlprüfung, Gefährdungsabgrenzung

Allgemein zielt dieser Arbeitsschritt unter der grundsätzlichen Kindeswohlprämisse auf eine Gegenüberstellung (1) der kindlichen (Grund-)Bedürfnisse und der spezifischen Entwicklungserfordernisse einerseits mit (2) den Merkmalen des Elternverhaltens und den Auswirkungen des Elternverhaltens auf die Befriedigung der kindlichen (Grund-)Bedürfnisse und die spezifischen Entwicklungserfordernisse andererseits ab. Dies umfasst grundsätzlich alle Entwicklungsbereiche (die kognitive, emotionale, motorische, sozial-emotionale, die Persönlichkeits- sowie die Identitätsentwicklung; vgl. Abbildung 6).

Übergeordnete Systematik der psychologischen Kindeswohlprüfung

Maßstab: Definition Kindeswohl	**Bedürfnislage** ⇔ Relation ⇔ **Lebensbedingungen**
Gewichtung: gegenüberzustellende Prüfbereiche	(Grund-)Bedürfnisse des Kindes und Entwicklungserfordernisse / Elternverhalten in Auswirkung auf kindliche Grundbedürfnisse und Entwicklungserfordernisse

Positive Kindeswohlprüfung: Unter welchen durch das Elternverhalten bestimmten Bedingungen werden notwendige Entwicklungsschritte für eine individuell gelingende Entwicklung am besten erreicht?

Negative Kindeswohlprüfung: Werden notwendige Entwicklungsschritte für eine individuell gelingende Entwicklung unter durch das Elternverhalten bestimmten Bedingungen nicht behindert?

Gefährdungsabgrenzung: Kann das Erreichen notwendiger Entwicklungsschritte für eine individuell gelingende Entwicklung unter durch das Elternverhalten bestimmten Bedingungen in erheblichem Maß nicht gewährleistet werden?

Abbildung 6: Allgemeine Systematik der Kindeswohlprüfung aus psychologischer Perspektive

Die spezifischen kindlichen (Grund-)Bedürfnisse und Entwicklungserfordernisse sowie deren Gewichtung können aus der im vorangegangenen Abschnitt des Gutachtens erfolgten Bewertung der kindbezogenen Kindeswohlkriterien/Sorgerechtskriterien/umgangsrelevanten Kriterien abgeleitet werden (vgl. Abschnitt 5.2). Die Merkmale des Elternverhaltens in ihrer Auswirkung hierauf sowie deren Gewichtung werden aus der Bewertung der elternbezogenen Kindeswohlkriterien/Sorgerechtskriterien/umgangsrelevanten Kriterien abgeleitet. Die Gewichtung der Befunde erfolgt einzelfallbezogen und nicht auf Basis generalisierbarer Regeln (z. B. „der Kindeswille ist immer vorrangig"; vgl. Salzgeber, 2015). Wissenschaftlich-empirische Erkenntnisse müssen jedoch *immer* einbezogen werden (z. B. in Bezug auf das Erreichen altersgemäß zu erwartender Entwicklungsmeilensteine). Es bedarf somit einer Integration von Beurteilungsansätzen, die sich einerseits auf empirisch-generalisierte Erkenntnisse stützen und andererseits auf individuelle Erklärungsmechanismen für bestimmte Entwicklungsprozesse im Einzelfall.

Gegenüberstellung und Gewichtung kindbezogener und elternbezogener Kriterien

Die Gegenüberstellung der kindlichen (Grund-)Bedürfnisse und der spezifischen Entwicklungserfordernisse einerseits mit Merkmalen des Elternverhaltens in ihren Auswirkungen auf die Befriedigung der kindlichen (Grund-)Bedürfnisse andererseits impliziert immer zunächst eine querschnittsdiagnostische Analyse. Letztlich wird jedoch zur Beantwortung der gängigen richterlichen Fragestellungen auf Basis der Querschnittsdiagnostik eine Wahrscheinlichkeitsaussage über zu erwartende kindliche Entwicklungsverläufe in Abhängigkeit des Elternverhaltens und somit eine *Verhaltensprognose* erwartet. Genauer wird eine zweigeteilte Prognose erwartet: (1) eine auf die Zukunft gerichtete Wahrscheinlichkeitsbestimmung über künftiges Elternverhalten bzw. dessen Veränderung durch Interventionsmaßnahmen (wobei dies sowohl aktive als auch unterlassende Verhaltensweisen umfassen kann), (2) eine auf die Zukunft gerichtete Wahrscheinlichkeitsbestimmung über die Entwicklung des Kindes unter durch das Elternverhalten bestimmten Bedingungen. In beiden Teilen der Prognose ist zudem die Interaktion zwischen kindbezogenen und elternbezogenen Variablen zu berücksichtigen.

Zweigeteilte Verhaltensprognose

Dies stellt eine komplexe Form der Verhaltensprognose dar. Es ist deutlich herauszustellen, dass sich diese Komplexität nicht intuitiv bewältigen lässt. In *Kinderschutzverfahren* erscheint die Implementierung des Prognosegedankens mit deutlichen Parallelen zur Erarbeitung von Verhaltensprognosen in anderen forensischen Kontexten (z. B. Kriminal- und Gefährlichkeitsprognose) evident. Es gilt, Eltern, Kind und Familie in ihrer Interaktion zu erfassen und dabei systematisch relevante Risiko- und Schutzfaktoren sowie Veränderungspotenzial von Interventionen zu berücksichtigen (vgl. Abschnitt 5.3.1). In *sorge- und umgangsrechtlichen Fragestellungen* ist der Prognosegedanke ebenfalls häufig implizit, jedoch weniger augenscheinlich als in Fragen nach drohender Kindeswohlgefährdung (vgl. Abschnitt 5.3.2).

5.3.1 Risikoanalyse und Kindeswohlprognose bei (drohender) Kindeswohlgefährdung

Vor dem Hintergrund aktuell vorliegender Empfehlungen in der Literatur lässt sich für die Ableitung der Kindeswohlprognose im Kinderschutzverfahren folgendes Vorgehen explizieren:

Orientierung an der Definition von Kindeswohlgefährdung in der Rechtsprechung

Beruft man sich auf die Definition der Kindeswohlgefährdung aus der Rechtsprechung, so wird diese definiert als „gegenwärtige in einem solchen Maße vorhandene Gefahr, daß sich bei der weiteren Entwicklung eine erhebliche Schädigung mit ziemlicher Sicherheit voraussehen läßt" (BGH, NJW, 1956, 1434, 1434; vgl. hierzu auch Kindler, 2008). Laut Balloff und Walter (2015) geht es in Kinderschutzverfahren darum, einen bedürfnisbezogenen Grenzwert zu bestimmen, unter dem eine ausreichende Erziehungsfähigkeit der Eltern zur Sicherung des physischen und psychischen Überlebens des Kindes nicht mehr als gegeben angesehen werden kann. Es bleibt zu klären, durch welche elterlichen Verhaltensweisen physisches und psychisches Überleben gefährdet wird und wie insbesondere „psychisches Überleben" operationalisiert wird.

Misshandlung, Vernachlässigung und sexueller Missbrauch als Gefährdungsursachen

Als Gefährdungsursache lässt sich die sozialwissenschaftlich gebräuchliche Definition von Kindesmisshandlung mit der Einteilung in die Trias (körperliche und psychische) Misshandlung, Vernachlässigung und sexueller Missbrauch verwenden. Diese beschreibt gravierendste Handlungen und Unterlassungen gegenüber Kindern, die in der Regel sowohl akut mit einem hohen Risiko der Beeinträchtigung der gegenwärtigen physischen, sozialen und psychischen Befindlichkeit und Integrität der Kinder als auch mit langfristigen Folgen für die kindliche Entwicklung verbunden sind (Bender & Lösel, 2005; Deegener, 2005, 2012; Schmid & Meysen, 2006). Die verschiedenen Misshandlungsformen beinhalten alle die Nichteinhaltung bzw. Verletzung kindlicher (Grund-)Bedürfnisse.

Probleme in der Operationalisierung der Misshandlungsformen

Dies liefert einerseits definitorische Klarheit. Zu berücksichtigen ist jedoch andererseits, dass in Bezug auf alle Misshandlungsformen zum Teil erhebliche Probleme in der Operationalisierung der Konstrukte vorliegen. Besonders ausgeprägt sind diese bei der psychischen Misshandlung und der Vernachlässigung, da diese Misshandlungsformen selten einzelne Ereignisse, sondern einen oft chronischen Zustand und sowohl aktive als auch unterlassende Verhaltensweisen umfassen. Die psychische Misshandlung beispielsweise lässt sich zwar auch an einzelnen Handlungen festmachen, die sich aber teilweise aufgrund des kontinuierlichen Charakters oft nur schwer vom „normalen" Erziehungsverhalten abgrenzen (Bender & Lösel, 2005; Glaser, 2002; Kindler & Schwabe-Höllein, 2012; Myers, Berliner, Briere, Hendrix, Jenny & Reid, 2002). Zudem ergeben sich teilweise Überschneidungen mit dem Konstrukt der Vernachlässigung (vgl. Zumbach, 2019).

Prognostiziert werden soll also in der Regel das Verletzen bzw. Nichteinhalten kindlicher (Grund-)Bedürfnisse mit erheblich schädigenden Folgen. Dies zielt oft auf die Bestimmung der Wahrscheinlichkeit des erstmaligen oder erneuten Auftretens von psychischer oder physischer Misshandlung, Vernachlässigung oder sexuellem Missbrauch (oder einer Kombination) ab. Zum anderen geht es um die Wirkungen sozialer Mangelsituationen, die im Umfeld von Eltern bestehen, und zwar auch ohne notwendig von diesen erzeugt oder verschuldet worden zu sein.

Die obigen Ausführungen verdeutlichen die Komplexität einer zuverlässigen Kindeswohlprognose im Anwendungsfeld der Begutachtung. Dies betont umso mehr die Notwendigkeit handlungsleitender Strukturierungsschritte, um eine Transparenz in der Prognosestellung überhaupt annähernd gewährleisten zu können. Einen ersten hilfreichen Systematisierungsansatz liefern Wulf und Reich (2007) unter Verweis auf die klassische Kriminalprognose. Die Autoren schlagen als Grundlage zur Ableitung der Kindeswohlprognose eine dreischrittige Systematik vor:

Dreischrittige Systematik der Kindeswohlprognose

- *Schritt 1* beinhaltet das Treffen einer Basisprognose vor dem Hintergrund der Leitfrage „Muss man sich grundsätzlich um das Kindeswohl Sorgen machen?" In diesem Zusammenhang sollte u. a. der Frage nachgegangen werden, welche Gefährdung in der Vergangenheit aufgetreten ist und welche Entstehungs- und ggf. Aufrechterhaltungsfaktoren vorlagen.
- *Schritt 2* zielt auf das Treffen einer aktuellen, gegenwartsbezogenen Prognose unter der Leitfrage „Ist das Kindeswohl aktuell gefährdet?" ab. Dies beinhaltet die Identifikation und Analyse aktuell wirksamer Risiko- und Schutzmechanismen.
- In einem letzten *Schritt 3* erfolgt eine Interventionsprognose unter der Leitfrage nach „prognostischen Änderungen in der Zukunft, insbesondere durch eine Intervention". Diese Intervention kann eine Unterstützung der Familie sein oder eine Herausnahme aus ihr.

Diese von Wulf und Reich (2007) vorgeschlagene Systematik lässt sich um die folgenden Überlegungen ergänzen:

Vergangenheits- und gegenwartsbezogene Einschätzung

Die Analyse (d.h. die konkrete Benennung und Erklärung) vergangenheitsbezogener gefährdender elterlicher Verhaltensweisen spielt eine wichtige Rolle, da vergangenes Verhalten als relativ stabiler Prädiktor für zukünftiges Verhalten gilt. Auf Basis dieser systematischen Aufarbeitung konkreter Gefährdungsmomente aus der Vergangenheit (unter Berücksichtigung der Trias Misshandlung, Vernachlässigung, Missbrauch) sowie der systematischen Identifikation von Entstehungs- und ggf. Aufrechthaltungsfaktoren mündet

Analyse vergangener und gegenwärtiger Gefährdung

die gegenwartsbezogene Analyse im Ergebnis der querschnittlichen Kindeswohlprüfung. In diesem Analyseschritt muss berücksichtigt und konkret dargelegt werden, ob bereits eine aktuell festzustellende psychische und/oder physische Schädigung des Kindes vorliegt und wenn ja, welche. Eine zum gegenwärtigen Zeitpunkt vorliegende Schädigung des Kindes wäre als vorläufiges Outcome der identifizierten und in der Vergangenheit und/oder aktuell wirksamen Risikomechanismen einzuschätzen.

Risiko- und Schutzfaktoren für Kindeswohlgefährdung

Im Rahmen der vergangenheitsbezogenen und gegenwartsbezogenen Einschätzung müssen vorliegende Risiko- und Schutzfaktoren zur Vorbereitung der prognostischen Einschätzung über das erneute Auftreten einer Kindeswohlgefährdung durch Elternverhalten identifiziert werden. Dies impliziert eine Prüfung der *Stabilität* bzw. Veränderung vorliegender Risikofaktoren, die in der Vergangenheit möglicherweise gefährdende elterliche Verhaltensweisen begünstigt haben bzw. aktuell gefährdende elterliche Verhaltensweisen begünstigen. Hierbei sind *Kenntnisse über statistische Zusammenhänge* zwischen Risikofaktoren und dem Eintreten von Kindesmisshandlung und Vernachlässigung zu berücksichtigen. Der einschlägigen Literatur sind mittlerweile verschiedene Längsschnittstudien (Brown, Cohen, Johnson & Salzinger, 1998; Cox, Kotch & Everson, 2003; Dubowitz, Kim, Black, Weisbart, Semiatin & Magder, 2011; Mersky, Berger, Reynolds & Gromoske, 2009) und darauf aufbauende Übersichtsarbeiten und Metaanalysen (z. B. Assink, van der Put, Meeuwsen, de Jong, Stams & Hoeve, 2019; Mulder, Kuiper, van der Put, Stams & Assink, 2018; Stith et al., 2009; Whitaker et al., 2008) zu entnehmen, die ein relativ gesichertes Wissen über Risikofaktoren zur Entstehung von Misshandlung, Vernachlässigung und Missbrauch liefern. In einigen Studien werden auch protektive Faktoren analysiert (z. B. Goldman, Salus, Wolcott & Kennedy, 2003). Teilweise überschneiden sich Risikofaktoren über die Misshandlungsformen hinweg, andere sind als misshandlungsspezifische Risikofaktoren einzuschätzen.

Umfassende Übersichten zu den empirischen Grundlagen bestimmter Risikokonstellationen finden sich in dem Herausgeberwerk von Volbert et al. (2019). Eine beispielhafte Übersicht über metaanalytisch identifizierte Risikofaktoren für körperliche Kindesmisshandlung und Vernachlässigung liefert Tabelle 12.

Kumulativer Wirkmechanismus von Risikofaktoren

Es gilt, dass Risikofaktoren selten isoliert auftreten. Jeder isoliert identifizierte Risikofaktor kann Bestandteil eines Aggregats mehrerer Risikofaktoren sein. Es kann direkte lineare longitudinale Zusammenhänge zwischen dem Auftreten einzelner Risikofaktoren und von Entwicklungsabweichungen beim Kind geben, solche Zusammenhänge und Kombinationen werden in der Literatur jedoch eher selten berichtet. Die Anzahl vorliegender Risikofaktoren gilt zum Teil als der bessere Prädiktor für Entwicklungsabweichungen als die Art der Risikofaktoren. Dies wird auch als *kumulativer Wirkmechanismus* beschrieben (Goodyer, 1994; Hooper, Burchinal, Roberts, Zeisel & Neebe,

Tabelle 12: Metaanalytisch identifizierte Risikofaktoren für körperliche Kindesmisshandlung und Vernachlässigung (nach Stith et al., 2009)

	Risikofaktoren für körperliche Kindesmisshandlung	Risiko für Vernachlässigung
Eltern-Kind-Interaktion/ Elternbericht über Kindverhalten	• Eltern empfinden Kind als Problem • Ungewollte Schwangerschaft • Belastete Eltern-Kind-Beziehung • Anwendung körperlicher Bestrafung • Negatives Elternverhalten • Stress durch Elternrolle	• Belastete Eltern-Kind-Beziehung • Eltern empfinden Kind als Problem • Negatives Elternverhalten • Stress durch Elternrolle
Eigenschaften der Eltern	• Ärger/Hyperreaktivität • Angst • Psychopathologie • Depression • Niedriger Selbstwert • Belastete Beziehung zu eigenen Eltern • Eigene Missbrauchserfahrung • Delinquentes Verhalten • Hohes Stresserleben • Alkoholmissbrauch • Arbeitslosigkeit • Fehlende Coping- und Problemlösestrategien • Alleinerziehend • Junges Alter • Drogenmissbrauch • Geschlecht (männlich)	• Hohes Stresserleben • Angst/Hyperreaktivität • Geringer Selbstwert • Psychopathologie • Arbeitslosigkeit • Depression • Belastete Beziehung zu eigenen Eltern • Geringe soziale Unterstützung • Eigene Missbrauchserfahrung • Junges Alter • Alleinerziehend
Eigenschaften des Kindes	• Geringe soziale Kompetenz • Externalisierende Verhaltensstörungen • Internalisierende Verhaltensstörungen	• Geringe soziale Kompetenz • Externalisierende Verhaltensstörungen • Internalisierende Verhaltensstörungen
Eigenschaften der Familie	• Familiäre Konflikte • Geringer familiärer Zusammenhalt • Gewalt in der Ehe • Geringe Zufriedenheit mit der Ehebeziehung • Große Familie • Niedriger sozioökonomischer Status • Geringe soziale Unterstützung	• Große Familie • niedriger sozioökonomischer Status

1998; Sabates & Dex, 2015; Zeanah, Boris & Larrieu, 1997). Das Ausmaß des Risikos bei kumulativen Risikobedingungen ist nach diesem Ansatz durch die Multiplikation des Risikos jeder einzelnen Variablen und nicht durch ein einfaches Aufsummieren der Risiken bestimmt (Baldwin, Baldwin & Cole, 1990; Rutter, 1985). Der Einfluss von (kumulativen) Risikobedingungen kann auch durch die Intensität oder Stärke und das zeitliche Andauern (Chronizität) moderiert werden (Goodyer, 1994; Rutter, 2002; Zeanah et al., 1997).

Individuelle Wirkmechanismen von Risiko- und Schutzfaktoren

Es reicht für die individuelle Prognosestellung nicht aus, einzelne Risiko- und Schutzfaktoren (oder deren Anzahl) zu identifizieren. Vielmehr geht es darum, individuelle Wirkmechanismen zu identifizieren. Ein Risikofaktor sollte in der Prognosestellung umso stärker gewichtet werden,

- je stärker dessen statistischer Zusammenhang mit einem späteren Eintritt des Risikos ist,
- je deutlicher das Vorliegen oder Nichtvorliegen des Risikofaktors im Einzelfall zu erkennen ist,
- je mehr der Risikofaktor als Teil eines kausalen Prozesses identifiziert werden kann, der zum Eintritt des Risikos führt,
- und je mehr ein Risikofaktor im Verhältnis zu anderen bekannten Risikofaktoren zusätzliche wichtige Informationen liefert (vgl. Kraemer, Kazdin, Offord, Kessler, Jensen & Kupfer, 1997).

Beispielsweise gilt die psychische Erkrankung eines Elternteils als relativ gesicherter Risikofaktor für eine maladaptive kindliche Entwicklung. Befunde zum Fürsorge- und Erziehungsverhalten von Eltern mit psychischen Erkrankungen haben jedoch gezeigt, dass sich Eltern mit ein und derselben Diagnose in ihrer Erziehungsfähigkeit erheblich unterscheiden können. So kann das Risiko für das Auftreten der Kindeswohlgefährdung nicht unmittelbar aus der elterlichen Diagnose abgeleitet werden, sondern muss im Einzelfall unter Berücksichtigung der Fähigkeit zur Übernahme elterlicher Fürsorge- und Erziehungsfunktionen sowie vorliegender individueller wie sozialer Ressourcen herausgearbeitet werden (vgl. Kindler, 2018; Mattejat, 2019).

Zukunftsbezogene Einschätzung

Prognose zukünftiger Gefährdung

Bevor man kindeswohlorientiert prognostiziert, bedarf es verschiedener gedanklicher Vorarbeiten, die sich auf die Bestimmung der zu prognostizierenden Gefährdungslage, den Prognosezeitraum oder die Prognosesicherheit beziehen (vgl. Balloff & Walter, 2015; Kindler, 2008; Wulf & Reich, 2007). Der erste Schritt der Kindeswohlprognose sollte in der konkreten Definition der Prognosefrage und damit des Prognoseoutcomes bestehen. Es sollte also definiert werden, was prognostiziert werden soll.

In der Regel gilt, dass auf Basis der erfolgten vergangenheits- und gegenwartsbezogenen Risikoanalyse das prognostische Risiko der potenziellen Schädigung eines Kindes bei einem Verbleib in der Herkunftsfamilie gegen das prognostische Risiko der potenziellen Schädigung des Kindes durch eine Herausnahme abgewogen werden muss (vgl. Balloff & Walter, 2015; Kindler, 2008). Hierbei ist zu beachten, dass die Trennung des Kindes von den Eltern regelmäßig eigenständige Belastungen des Kindes hervorrufen kann, da das Kind unter der Trennung selbst dann leiden kann, wenn sein Wohl bei den Eltern nicht gesichert war (Balloff & Walter, 2015).

Im Rahmen prognostischer Einschätzungen über zukünftiges Gefährdungsverhalten von Bezugspersonen schlagen Balloff und Walter (2015) darüberhinausgehend eine Einschätzung der elterlichen Problemsicht, der Problemakzeptanz, der Problemkongruenz, der Hilfeakzeptanz sowie der Veränderungsakzeptanz und Veränderungsfähigkeit vor. Dies beinhaltet, dass ggf. gemeinsam mit den Eltern Situationen identifiziert werden sollten, in denen es nach eigener Ansicht der Eltern zu erneuten Gefährdungsmomenten/Konflikteskalationen kommen könnte, um Rückschlüsse auf das Niveau der Auseinandersetzung mit der Problematik und das kognitive Verständnis zu ziehen. Verzerrungsrisiken in der elterlichen Selbstdarstellung sollten diskutiert werden. Berücksichtigt werden sollen die Tiefgründigkeit und Vollständigkeit der eigenen Erklärungsmodelle sowie die Authentizität von Interaktionsmustern. Es geht in diesem Arbeitsschritt insgesamt um die hypothetische Konstruktion künftiger Risikokonstellationen und die Bestimmung der Wahrscheinlichkeit ihres Eintreffens. Dabei gilt immer die Prämisse, Sorgerechtseingriffe möglichst zu vermeiden und stattdessen die Zusammenarbeit mit Eltern zu suchen. Dies kann unter Umständen jedoch nur gelingen, wenn Eltern die Chance haben, Einschätzungen über Gefährdungsaspekte nachzuvollziehen. Die konsensorientierte Vorgehensweise ist somit auch in Kinderschutzverfahren zu verfolgen, sofern sich Eltern hierauf einlassen (vgl. Kindler, 2018). Hierfür bieten sich möglicherweise gerichtliche Erörterungsgespräche an, da aus gutachterlicher Sicht zu gewährleisten ist, Befunde nicht ohne gerichtliche Kenntnis zu übermitteln und der gerichtlichen Entscheidung nicht vorzugreifen.

Einschätzung weiterer elternbezogener Faktoren

Konsensorientierte Vorgehensweise in Kinderschutzverfahren

Es ist zu betonen, dass es nicht Ziel des Kinderschutzrechtes ist, Eltern für vergangenes schädliches Handeln oder das Unterlassen von Handlungen gegenüber ihren Kindern zu bestrafen. Risikoprognosen zielen viel mehr darauf ab, (weitere) Kindeswohlgefährdungen möglichst zu vermeiden, um eine positive Entwicklung der Kinder zu fördern und gleichzeitig unverhältnismäßige Eingriffe in das Familienleben zu verhindern (Kindler, 2008). Hilfemöglichkeiten, die dazu dienen, eine Herausnahme des Kindes zu vermeiden, sind bei jeder Kindeswohlprognose zu berücksichtigen. Maßnahmen, mit denen eine Trennung des Kindes von der elterlichen Familie verbunden ist, sind nur abzuwägen, wenn der prognostischen Kindeswohlgefährdung nicht durch an-

Ziel der Vermeidung einer Kindeswohlgefährdung

dere ambulante oder stationäre Hilfemaßnahmen begegnet werden kann (vgl. hierzu auch § 1666a BGB). Die zukunftsbezogene Einschätzung seitens der Sachverständigen beinhaltet auch immer eine Berücksichtigung und ggf. Empfehlung über Hilfemaßnahmen, die den Eltern oder dem Kind zur Verfügung gestellt werden sollten.

Die abschließende Empfehlung von Sachverständigen an das Gericht darf sich nicht auf den normativen Bereich erstrecken. Ob die rechtliche Eingriffsschwelle überschritten ist und Eingriffe in das elterliche Sorgerecht vorgenommen werden, ist eine normativ-rechtliche und damit notwendig auch eine gerichtliche Entscheidung.

5.3.2 Kindeswohlorientierte Einschätzung in sorge- und umgangsrechtlichen Fragestellungen

Die Ableitung der kindeswohlorientierten Einschätzung in sorge- und umgangsrechtlichen Fragestellungen basiert ebenfalls darauf, die einzelnen Prüfkriterien zu gewichten und zueinander in Bezug zu stellen. Dies beinhaltet die Gegenüberstellung der kindlichen (Grund-)Bedürfnisse und der spezifischen Entwicklungserfordernisse mit Merkmalen des jeweiligen Elternverhaltens in ihren Auswirkungen hierauf. Insbesondere die Bedürfnisse des individuellen Kindes müssen herausgestellt und zu den Möglichkeiten und Fähigkeiten beider Eltern in Bezug gesetzt werden.

Sorgerechtliche Fragestellungen

Abwägung von mindestens ausreichenden Regelungsoptionen

Häufig liegen in sorgerechtlichen Fallkonstellationen Fragen danach vor, welche Regelung dem Kindeswohl „am besten entspricht" bzw. „dient" (positive Kindeswohlprüfung), bzw. welche Regelung dem Kindeswohl „nicht widerspricht" (negative Kindeswohlprüfung). Bei der Ableitung einer kindeswohlorientierten Einschätzung in sorgerechtlichen Fragestellungen liegt der Prognosegedanke über künftige kindliche Entwicklungsverläufe sowie über künftiges Elternverhalten nicht gänzlich fern, ist aber weniger evident als in Kinderschutzverfahren. Es geht weniger um die Identifikation von Risikokonstellationen zur Vorhersage des Eintritts schädlicher Outcomes, als vielmehr um das Abwägen von Regelungsoptionen, die grundsätzlich jeweils eine mindestens durchschnittliche kindliche Entwicklung zulassen. Es muss daher kein Grenzwert zur Legitimation eines staatlichen Eingriffs zum Zwecke des Schutzes bestimmt werden, sondern es geht letztlich um die Befähigung der Eltern zur eigenen Verantwortungsübernahme hinsichtlich der Handlungskonsequenzen. Dies beinhaltet auch oftmals, Eltern für die kindlichen Bedürfnisse zu sensibilisieren.

Somit lässt sich hinsichtlich der Systematik für die Ableitung der kindeswohlorientierten Einschätzung in sorge- und umgangsrechtlichen Fragestellungen übergreifend letztlich nur herausstellen, dass der gründlichen Ableitung und vor allem auch Darlegung der kindlichen Entwicklungserfordernisse, die die Anpassung des Kindes/der Kinder in der Situation nach der Trennung bestimmen, eine sehr hohe Bedeutung zukommt (vgl. Drozd et al., 2016).

Eine weitere Festlegung allgemeiner strukturierender Vorgaben und Bewertungsstandards kann der Diversität der fallspezifischen Fragestellungen, die sich unter dem Deckmantel sorgerechtlicher Fragestellungen verbergen, nicht gerecht werden. Es müssen Einzelfallabwägungen getroffen werden. Beispielsweise kann eine eingeschränkte Kooperationsbereitschaft oder Bindungstoleranz in einer Fallkonstellation ein Indikator für Einschränkungen im Elternverhalten sein, in einer anderen Fallkonstellation kann dies kindeswohldienliches Elternverhalten darstellen, z. B. bei unverantwortlichem Erziehungsverhalten des anderen Elternteils (vgl. Kindler, 2018). In manchen Fällen ist keine Passung der kindlichen Bedürfnisse mit dem Erziehungsverhalten eines Elternteils eindeutig besser oder schlechter, was auch entsprechend transparent dargelegt werden muss.

Einzelfallbezogene Abwägung

Umgangsrechtliche Fragestellungen

In Umgangsfragen sind die Fallkonstellationen oft noch heterogener und die Aufstellung einer übergeordneten Systematik zur Ableitung der kindeswohlorientierten Einschätzung noch schwieriger. Thematisiert wird hierbei das Ausmaß und die Ausgestaltung des Kontakts des Kindes zu getrenntlebenden Elternteilen nach einer Elterntrennung oder auch die Kontaktgestaltung zu leiblichen Eltern(-teilen) nach einer Fremdplatzierung. Ableitungen basieren hier grundsätzlich auch auf Überlegungen zur Passung zwischen den Bedürfnissen des individuellen Kindes und Merkmalen des Elternverhaltens in ihren Auswirkungen hierauf, die in Einzelfallabwägungen münden.

Einzelfallbezogene Abwägung von Optionen zur Kontaktgestaltung

Es kann im Rahmen von Umgangsrechtsverfahren auch die Frage im Fokus stehen, ob der Schutz des Kindes einen Ausschluss von Umgangskontakten zu einem antragstellenden Elternteil erforderlich macht. Bei derartigen Fragen müssen regelmäßig Gefährdungsabgrenzungen vorgenommen werden. Beispielhaft sind Konstellationen zu nennen, in denen ein umgangssuchender Elternteil wegen sexuellen oder physischen Übergriffen aufgefallen ist, oder inhaftierte oder psychotisch erkrankte Elternteile Umgang beantragen. Hier folgt die Systematik der Ableitung einer kindeswohlorientierten Einschätzung im Wesentlichen der in Abschnitt 5.3.1 vorgestellten Systematik zur Risikoanalyse und Kindeswohlprognose. Allerdings sind die Mindestanforderungen, die an das Verhalten und die Haltung eines Umgangssuchen-

Ausschluss von Umgangskontakten zur Gefährdungsabgrenzung

den gegenüber dem Kind zu stellen sind, in der Regel niedriger als jene, die an eine Bezugsperson zu stellen sind, die das Kind umfassend erziehen und versorgen soll (siehe Abschnitt 3.2). Insofern kann es in Bezug auf denselben Elternteil zu unterschiedlichen Ergebnissen kommen, je nachdem ob Fragestellungen zum Umgang oder zum Lebensort des Kindes im Rahmen von Kinderschutzverfahren beantwortet werden.

Beurteilung von Gefährdungsvorwürfen eines Elternteils

Teilweise treten darüber hinaus, sowohl in umgangs- als auch in sorgerechtlichen Verfahren, erhebliche Gefährdungsvorwürfe von Elternteilen gegeneinander auf, beispielsweise über körperliche Misshandlung oder sexuellen Missbrauch. Dies kann auch eine Gefährdungsprüfung erforderlich machen, wobei die Möglichkeiten der gutachterlichen Diagnostik in diesen Fällen an ihre Grenzen kommen können. In vielen Fällen ist zunächst zu prüfen, inwieweit vorgetragene Verdachtsmomente überhaupt geeignet sind, einen Verdacht zu begründen. Gleichzeitig ist bekannt, dass selbst beim Vorliegen von Verhaltensauffälligkeiten nie auf kindlicherseits erfahrene spezifische Missbrauchs- oder Misshandlungsformen zu schließen ist, da die Entstehungsbedingungen von Verhaltensauffälligkeiten meist multifaktoriell sind und oft mehrere Risikoeinflüsse parallel wirken. Mögliche Überinterpretationen von Verhaltensauffälligkeiten und suggestive Befragungen bei Missbrauchsvorwürfen stellen ein Problem dar (Volbert & Kuhle, 2019). Spezifische „Missbrauchssyndrome" als Folge bestimmter Misshandlungsformen sind nicht anzunehmen. Dies erhöht in der Regel das Gewicht der Bewertung der Umgangs- und Betreuungskompetenzen als umgangsrelevante Kriterien, sowohl beim vorwerfenden als auch beim beschuldigten Elternteil.

Spezifische Kenntnisse für individuelle Gewichtung der Sorgerechts- und umgangsrelevanten Kriterien

Die Gewichtung der Sorgerechtskriterien bzw. der umgangsrelevanten Kriterien und die Prüfung der Passung kindlicher (Grund-)Bedürfnisse mit dem elterlichen Verhalten muss ebenfalls unter Berücksichtigung empirischer Befunde und ihrer Grenzen erfolgen. Um die Fragestellungen der Familiengerichte in sorge- und umgangsrechtlichen Verfahren beantworten zu können, sind umfangreiche inhaltliche Kenntnisse aus ganz unterschiedlichen Forschungsbereichen notwendig. Diese betreffen allgemeine Kenntnisse über die Auswirkungen von Trennung und Scheidung unter unterschiedlichen Rahmenbedingungen und beziehen sich oft auf die Kooperation zwischen Elternteilen und die Wahl des Betreuungsmodells.

Vielzahl spezifischer Risikokonstellationen

Die aufgezeigten Beispiele für Fallkonstellationen, die sich hinter sorge- und umgangsrechtlichen Fragestellungen verbergen können, zeigen allerdings auch auf, dass Kenntnisse über eine Vielzahl spezifischer Risikokonstellationen vorhanden sein müssen, um die hier aufgeworfenen Fragen zu beantworten. Dies kann nicht nur Gewalt oder missbräuchliches Verhalten gegenüber Kindern betreffen, sondern auch Gewalt zwischen Elternteilen, psychische Störungen von Eltern oder die Spezifik von Hochkonflikthaftigkeit (vgl. dazu z. B. Fichtner, 2015). Jeder dieser Bereiche fordert spezifisches Hintergrundwissen und Kenntnisse relevanter empirischer Befunde, welche im Rahmen dieses Bandes nicht im Detail berichtet werden können. Übersichten finden sich beispielsweise in dem Herausgeberwerk von Volbert et al. (2019).

Auch für die Ableitung der kindeswohlorientierten Einschätzung in sorge- und umgangsrechtlichen Verfahren gilt, dass die Empfehlungen von Sachverständigen sich nicht auf den normativen Bereich erstrecken dürfen. Ob Eingriffsschwellen in Sorge- oder Umgangsrechtsbereiche überschritten werden, ist eine normativ-juristische Frage und damit obliegt sie auch einer gerichtlichen Entscheidung.

5.3.3 Beantwortung der gerichtlichen Fragestellung

Der letzte Teil des schriftlichen Gutachtens beinhaltet eine zusammenfassende Beantwortung der gerichtlichen Fragestellungen auf Basis der Kindeswohlprognose/der kindeswohlorientierten Einschätzung. Ziel ist die transparente Darlegung einer logisch-stringenten diagnostischen Urteilsbildung, die es auch ermöglicht, die erfolgten Denk- und Urteilsschritte nachzuvollziehen (vgl. dazu Volbert & Dahle, 2010). Wichtig ist es, die gerichtlichen Fragen vollständig unter Orientierung am Kindeswohl zu beantworten, sich jedoch auch hierauf zu beschränken und nicht über den Auftrag hinauszugehen. Die rechtliche Entscheidung obliegt dem Gericht. Der vom Gericht vorgegebene inhaltliche Rahmen muss eingehalten werden. Die gerichtliche Fragestellung muss konkret und für den Einzelfall beantwortet werden. Ziel der Begutachtung ist das Empfehlen einer bestmöglichen Lösung im Einzelfall unter Bezug auf die kindliche Entwicklung, basierend auf den gegebenen Lebensumständen und unter Berücksichtigung der vorhandenen Beziehungen (Arbeitsgruppe Familienrechtliche Gutachten, 2019).

Logisch-stringente diagnostische Urteilsbildung

5.3.4 Probleme und Grenzen der Kindeswohlprognose: Herausforderungen und Perspektiven für die rechtspsychologische Forschung

Was die Wissenschaft für das Anwendungsfeld der familienrechtspsychologischen Begutachtung bislang zur Verfügung stellt, um Prognosen über zukünftige Entwicklungsverläufe von Kindern und Jugendlichen unter variierenden Bedingungen zu stützen, sind zum einen Kenntnisse, die die entwicklungspsychopathologische Forschung liefert, sowie zum anderen Studien zur Evaluation von Interventionsmaßnahmen (für eine Übersicht siehe Volbert et al., 2019). Grundlegende entwicklungspsychopathologische Längsschnittstudien wie die *Isle-of-Wight-Studie* (Rutter, 1989) und die *Kauai-Studie* (Werner, 1993;

Integration von entwicklungspsychopathologischer Forschung und Evaluationen von Interventionsmaßnahmen

Werner & Smith, 2001) haben allerdings bereits aufgezeigt, dass sich prospektiv die kindliche Entwicklung weniger gut vorhersagen ließ, als die in retrospektiven und Querschnittsstudien gefundenen Zusammenhänge vermuten ließen. Ähnliche Hinweise lieferten die klassischen deutschen entwicklungspsychopathologischen Längsschnittstudien wie die *Rostocker Längsschnittstudie* (Meyer-Probst & Reis, 1999), die *Mannheimer Risikokinderstudie* (Laucht, Esser & Schmidt, 2000a, b, c) sowie die *Erlangen-Nürnberger Studie* (Lösel, Beelmann, Stemmler & Jarusch, 2004; Lösel, Beelmann, Jarusch, Koglin & Stemmler, 2008). Letztlich ist vor dem Hintergrund des aktuellen Kenntnisstandes anzunehmen, dass die individuelle Entwicklung eines Kindes immer durch individuelle Wirkmechanismen bestimmt ist und im Kontext des Multifinalitätsprinzips vor dem Hintergrund individuell variierender Faktoren, wie beispielsweise der Chronizität von Risikobelastungen, des Entwicklungsalters bei Auftreten der Risikobelastungen, Geschlechtsunterschieden und Resilienzfaktoren, zu betrachten ist (vgl. z. B. Rutter, 2002, 2009, 2013). Dies hebt die Relevanz der dargelegten Notwendigkeit einer Integration von Beurteilungsansätzen zur Ableitung der Kindeswohlprognose hervor, die sich einerseits auf empirisch-generalisierte Erkenntnisse stützen sollte und andererseits auf individuelle Erklärungsmechanismen für bestimmte Prozesse im Einzelfall. Es gilt jedoch, verstärkt empirische Befunde *systematisch* in die Einzelfalleinschätzung zu integrieren.

Integration statistisch-nomothetischer und klinisch-idiografischer Methodik

Die Forschung und Praxis zur Gefährlichkeits- und Rückfallprognose im Strafrecht hat gezeigt, dass die systematische Ableitung von Verhaltensprognosen am besten über eine Integration statistisch-nomothetischer (aktuarischer) und klinisch-idiografischer Methodik erzielt werden kann (vgl. Gretenkord, 2017; Rettenberger & Franqué, 2013; Dahle, 2010). *Statistisch-nomothetisch* (aktuarisch) bedeutet auf allgemeingültigen probabilistischen Modellen basierend, *klinisch-idiografisch* bedeutet die Individualität des Einzelfalls herausarbeitend. In der psychologischen Begutachtung im Familienrecht wird derzeit fast ausschließlich der klinisch-idiografische Ansatz angewandt, was sich vor allem aus einem Mangel entsprechender Befunde und Verfahren, die einem aktuarischen Ansatz folgen, begründet.

Notwendigkeit spezifischer Prognoseinstrumente

Mit dem Risikomodul des *Kinderschutzbogens* (Kindler & Reich, 2007; Kindler, Lukasczyk & Reich, 2008; Strobel, Liel & Kindler, 2009) liegt ein aktuarisches Gefährdungseinschätzungsinstrument aus dem deutschen Sprachraum vor. Hierbei handelt es sich allerdings um ein Instrument, das vorwiegend für den Einsatz von Fachkräften der Jugendämter zu einer Abschätzung der Gefährdungsrisiken beim Vorliegen gewichtiger Anhaltspunkte für eine Kindeswohlgefährdung entwickelt wurde. Es muss aus familienrechtspsychologischer Perspektive beachtet werden, dass psychologische Sachverständige in der Regel zu einem anderen Zeitpunkt des Fallverlaufs ihre Risikoeinschätzung vornehmen als beispielsweise Jugendamtsmitarbeiter_innen. Die Fallgruppe in der Begutachtung unterliegt zudem einer noch spezifischeren Selektion als Jugendamtsfälle, da es nicht in allen Jugendamtsfällen zu einem Gerichtsverfahren und innerhalb des Gerichtsverfahrens nicht immer zu einer Begutachtung kommt. Zudem unterscheidet sich der Prognosezeitraum (kurzfristige Inobhutnahmen vs. langfristiger Sorgerechtsentzug). Der grundsätzliche Auftrag der Jugendämter besteht in einem Hilfeauftrag, während im Rahmen der Begutachtung ein primär diagnostischer Auftrag zur Klärung bzw. Vorbereitung möglicher staatlicher Eingriffe in das Elternrecht besteht. Somit ergeben sich erheblich unterschiedliche Anforderungen an die Sensitivität und die Spezifität eines Risikoerfassungsinstrumentes in den jeweiligen Kontexten. Auf Basis des derzeitigen Kenntnisstandes ist eine bloße Übernahme benannter Verfahren für die Begutachtungsklientel somit zweifelhaft.

Die Entwicklung solcher spezifischen Prognoseinstrumente für den Begutachtungskontext im Rahmen von Kinderschutzverfahren steht noch aus. Dies ist eine wesentliche Aufgabe für die zukünftige Forschung. Aktuell wäre es denkbar, das Risikomodul des Kinderschutzbogens (Kindler & Reich, 2007) in der Begutachtung als „Checkliste" zur Bestimmung vorliegender Risiken zu verwenden und so im Sinne einer Qualitätsabsicherung zumindest zu vermeiden, dass Risikobereiche übersehen werden. Auf Basis zukünftiger verstärkter Forschungsbemühungen wäre perspektivisch ein integrativer Ansatz zur Ableitung von Kindeswohlprognosen umzusetzen, der in Abbildung 7 skizziert wird.

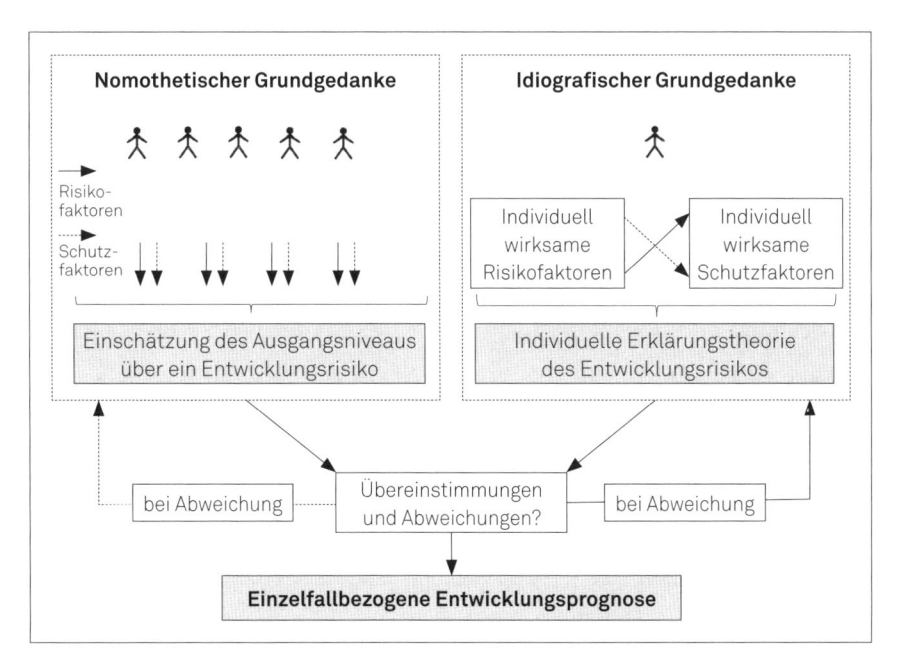

Abbildung 7: Modellvorschlag zur Integration nomothetischer und idiografischer Ansätze in der Ableitung der Kindeswohlprognose (aus Zumbach, 2017, S. 109)

6 Qualitätsanforderungen, Mindeststandards und berufsethische Aspekte

Die Qualität psychologischer Sachverständigengutachten im Familienrecht ist in den vergangenen Jahren stark in die öffentliche Kritik geraten. Unter anderem als Reaktion hierauf ist zur Verbesserung der Gutachtenqualität in den letzten Jahren berufspolitisch sowie auf Ebene der Gesetzgebung einiges passiert. So wurden 2016 mit dem Gesetz zur Änderung des Sachverständigenrechts erstmals berufliche Qualifikationsanforderungen an Sachverständige in Kindschaftssachen festgelegt (vgl. Abschnitt 2.1).

Weiterbildung zum Fachpsychologen für Rechtspsychologie

Ebenfalls zur Sicherung und Kontrolle der Qualität psychologischer Tätigkeit in rechtspsychologischen Kontexten ist die postgraduale Weiterbildung zur Fachpsychologin/zum Fachpsychologen für Rechtspsychologie entwickelt worden. Sie wird von der Föderation Deutscher Psychologenvereinigungen, d. h. dem Berufsverband Deutscher Psychologinnen und Psychologen e. V. (BDP) sowie der Deutschen Gesellschaft für Psychologie e. V. (DGPs), angeboten. Nach Zertifizierung zur Fachpsychologin/zum Fachpsychologen für Rechtspsychologie ist eine kontinuierliche Fortbildung in Rechtspsychologie erforderlich, um den Titel „Fachpsychologe/Fachpsychologin für Rechtspsychologie" weiterhin führen zu können. In Deutschland bieten zudem die Psychologische Hochschule Berlin und die Universität Bonn postgraduale Masterstudiengänge in Rechtspsychologie an, die auf die Ausbildung für eine rechtspsychologische gutachterliche Tätigkeit abzielen. Zusätzlich bieten die Berufsverbände Fortbildungsveranstaltungen für praktizierende Sachverständige an, in denen aktuelle Entwicklungen der Rechtspsychologie vermittelt werden (vgl. Salzgeber, 2015).

Mindestanforderungen an die Qualität von Sachverständigengutachten im Kindschaftsrecht

Von der „Arbeitsgruppe Familienrechtliche Gutachten" wurden 2015 Mindestanforderungen an die Qualität von Sachverständigengutachten im Kindschaftsrecht herausgegeben, die seit September 2019 in aktualisierter Fassung (2. Auflage) vorliegen. Die Empfehlungen wurden von Vertreter_innen juristischer, psychologischer und medizinischer Fachverbände, der Bundesrechtsanwalts- und der Bundespsychotherapeutenkammer erarbeitet und fachlich begleitet durch das Bundesministerium der Justiz und für Verbraucherschutz.

Die Mindestanforderungen an die Qualität von Sachverständigengutachten im Kindschaftsrecht dienen dem Zweck, „den Sachverständigen im Bereich des Familienrechts die fachgerechte Vorgehensweise und Ausarbeitung von

Sachverständigengutachten [zu] erleichtern und den anderen am familiengerichtlichen Verfahren beteiligten Personen ... und nicht zuletzt den Begutachteten selbst [zu] helfen, das Sachverständigenvorgehen und die schriftliche Ausarbeitung nachzuvollziehen" (Arbeitsgruppe Familienrechtliche Gutachten, 2019, S. 3). Aufbauend auf den gesetzlichen Vorgaben und den durch die Rechtsprechung entwickelten Grundsätzen für die Begutachtung werden zum einen Mindestanforderungen an die Person der/des Sachverständigen abgeleitet. Weiter wurde ein „Katalog der inhaltlichen, methodischen und formellen Mindestanforderungen an Gutachten im Kindschaftsrecht" erstellt. Nach diesem bestimmt sich die Qualität eines Gutachtens auf zwei Ebenen: (1) der Qualität des gutachterlichen Handelns und Schlussfolgerns und (2) der Qualität der Abfassung des schriftlichen Gutachtens.

Das Diagnostik- und Testkuratorium der Föderation Deutscher Psychologenvereinigungen (2017) hat mit den Qualitätsstandards für psychologische Gutachten ebenfalls einige grundlegende inhaltliche und formelle Anforderungen für die Erstellung psychologischer Gutachten, nicht nur familienrechtspsychologischer Gutachten, verfasst. Die hierin genannten Aspekte finden sich mit spezifischem Bezug auf psychologische Gutachten im Kindschaftsrecht überwiegend in den Mindestanforderungen der Arbeitsgruppe Familienrechtliche Gutachten (2019) wieder.

Qualitätsstandards für psychologische Gutachten

Aus dem amerikanischen Sprachraum liegen bereits seit einigen Jahren die „Guidelines for Child Custody Evaluations in Family Law Proceedings" (American Psychological Association, APA, 2010), die „Guidelines for Psychological Evaluations in Child Protection Matters" (APA, 2013a) und die „Specialty Guidelines for Forensic Psychology" (APA, 2013b) vor. Im Gegensatz zu den deutschen Mindestanforderungen hat die APA getrennte Richtlinien für die Begutachtung in zum einen umgangs- und sorgerechtlichen Verfahren und zum anderen in Verfahren bei Kindeswohlgefährdung erstellt. Beide Richtlinien bestehen grundlegend aus den folgenden Schwerpunkten, die sich in ihren wesentlichen Aspekten in den deutschen Richtlinien wiederfinden:

Richtlinien aus dem amerikanischen Sprachraum

Anforderungen an die Qualität psychologischer Sachverständigengutachten im Familienrecht nach den Guidelines der American Psychological Association (2010; 2013a)

1. *Zielsetzung:* Die psychologische Begutachtung soll sich am Kindeswohl orientieren. Die Interessen der Eltern oder anderer am Verfahren Beteiligter sind zu würdigen, dem Kindeswohl aber untergeordnet. Ziel der Begutachtung sind die Erfassung der kindlichen Bedürfnisse und die Beurteilung der komplementären elterlichen Kompetenzen. Dazu ist die Erhebung aller für eine fachgerechte Beurteilung nötigen Daten geboten.

> 2. *Generelle Richtlinien:* Der/die Sachverständige verfügt über die notwendige Expertise zur familienrechtspsychologischen Begutachtung. Seine/ihre Fachkenntnisse gehen über psychologisches und klinisches Fachwissen hinaus und umfassen auch rechtliche Grundlagen sowie psychodiagnostisches Wissen und Anwendungskompetenz für Erfassungsmethoden. Des Weiteren ist der/die Sachverständige unbefangen und orientiert sich sachlich an der juristischen Fragestellung.
> 3. *Verfahrensrichtlinien:* Das gutachterliche Vorgehen entspricht wissenschaftlichen Standards der Datenerhebung und -auswertung, die Fragestellungen familienrechtlicher Begutachtung erfordern grundsätzlich die Wahl eines multimethodalen Ansatzes. Die Begutachtung basiert auf validen und reliablen Verfahren und erfolgt im Kontext der gerichtlichen Fragestellung. Die schriftliche Ausarbeitung ist verständlich und für Außenstehende nachvollziehbar (APA, 2010, 2013a).

Berufsethische Aspekte der psychologischen Begutachtung

Darüber hinaus setzen die „Guidelines for Psychological Evaluations in Child Protection Matters" (APA, 2013a) einige zusätzliche Schwerpunkte und heben die gesellschaftliche und ethische Verantwortung von Sachverständigen hervor. Es wird darauf verwiesen, dass Begutachtungen bei Fällen von (drohender) Kindeswohlgefährdung in einem Spannungsfeld verschiedener, oft entgegengesetzter, Interessen stattfinden. Die/der Sachverständige trägt die Verantwortung, trotz und gerade wegen divergierender Ansichten und Wünsche der Beteiligten und des Staates, eine fundierte und sachliche Untersuchung durchzuführen. Dabei bleibt oberstes Ziel die Sicherung des Kindeswohls, wobei grundsätzlich jede dazu beitragende denkbare Maßnahme durch die Begutachtenden in Betracht gezogen werden und beurteilt werden muss. Die Begutachtung von (drohender) Kindeswohlgefährdung ist meist vom Staat initiiert und stellt einen gravierenden Eingriff in die Rechte der Familie dar, weshalb der/die Begutachtende bei der Erhebung wie auch bei der Auswertung der Daten besonders sensibel und sorgfältig vorzugehen hat. Dem/der Gutachter_in muss zu jeder Zeit bewusst sein, dass die gutachterliche Empfehlung einen wesentlichen Einfluss auf Fortbestehen, Trennung oder Zusammenführung der begutachteten Familie hat.

Eine etwas weitere Rahmung hinsichtlich berufsethischer Aspekte aller Psychologinnen und Psychologen findet sich in den berufsethischen Richtlinien des BDP und der DGPs (Föderation Deutscher Psychologenvereinigungen, 2016), die angelehnt sind an den „Meta-Code of Ethics" der European Federation of Psychologists' Associations (EFPA, 2005) sowie an die international geltenden Richtlinien für den diagnostischen Prozess der European Association of Psychological Assessment (EAPA). Benannt werden vier grundlegende Prinzipien, an denen sich die psychologische Tätigkeit orientieren soll, darunter die Achtung vor den Rechten und der Würde des Menschen, die stetige

Erweiterung der Kompetenzen und Fachkenntnisse, das Bewusstsein über die gesellschaftliche, wissenschaftliche und persönliche Verantwortung sowie die Ausübung der Tätigkeit mit Ehrlichkeit, Fairness und Respekt. Im Abschnitt zur Erstellung von Gutachten und Stellungnahmen verweisen BDP und DGPs auf die Pflicht psychologischer Gutachter_innen „größtmögliche sachliche und wissenschaftliche Fundiertheit, Sorgfalt und Gewissenhaftigkeit bei der Erstellung und Verwendung von Gutachten und Untersuchungsberichten" (Föderation Deutscher Psychologenvereinigungen, 2016, S. 29) anzustreben. Der ethische Code ermutigt Psychologinnen und Psychologen in allen Tätigkeitsfeldern, sich für eine Ausübung ihrer Profession einzusetzen, welche ihrer beruflichen Verantwortung gerecht wird und das Vertrauen der Öffentlichkeit in den Beruf nicht verringert. Gutachterinnen und Gutachter sollten die Auswirkungen ihrer Maßnahmen auf die davon betroffenen Parteien berücksichtigen. Ebenso sollen die Auswirkungen auf die Öffentlichkeit, den Berufsstand und auf sie selbst berücksichtigt werden (vgl. Oberlander Condie, 2003).

Über die Entwicklung und Berücksichtigung von Qualitätssicherungsmaßnahmen hinaus, ist abschließend die Bedeutung der Förderung praktischen und wissenschaftlichen Nachwuchses auf dem Feld der Familienrechtspsychologie hervorzuheben. So ist der im Juni 2019 im Rahmen der 90. Konferenz der Justizministerinnen und Justizminister gefasste Beschluss zur Bekämpfung des Gutachtermangels im Familien- und Strafrecht sehr zu begrüßen. Mit diesem stellen die Justizministerinnen und Justizminister fest, dass ein stetiger Bedarf an Gerichtsgutachten auch auf dem Gebiet der Psychologie besteht. Die Justizministerinnen und Justizminister sind sich einig, dass zur Deckung des erforderlichen Bedarfs eine verstärkte Präsenz des Studienangebots „Rechtspsychologie" im Rahmen des Psychologiestudiums hilfreich wäre und bitten die Kultusministerkonferenz, universitäre Bestrebungen in diese Richtung zu unterstützen.

Literatur

Achenbach, T.M. & Rescorla, L. (2007). *Multicultural understanding of child and adolescent psychopathology: Implications for mental health assessment.* New York: Guilford.

Ainsworth, M.D. (1973). The development of infant-mother attachment. In B. Cardwell & H. Ricciuti (Eds.), *Review of child development research* (Vol. 3, pp. 1-94). Chicago: University of Chicago Press.

Ainsworth, M.D. & Wittig, B.A. (1969). Attachment and exploratory behavior of one-year-olds in a strange situation. In B.M. Foss (Ed.), *Determinants of infant behavior* (Vol. 4, pp. 113-136). London: Methuen.

American Psychological Association (APA). (2010). Guidelines for child custody evaluations in family law proceedings. *The American Psychologist, 65,* 863-867. https://doi.org/10.1037/a0021250

American Psychological Association (APA). (2013a). Guidelines for psychological evaluations in child protection matters. *The American Psychologist, 68,* 20-31. https://doi.org/10.1037/a0029891

American Psychological Association (APA). (2013b). Specialty guidelines for forensic psychology. *The American Psychologist, 68,* 7-19. https://doi.org/10.1037/a0029889

Andresen, B. (2006). *Inventar Klinischer Persönlichkeitsakzentuierungen (IKP).* Göttingen: Hogrefe.

Arbeitsgruppe Deutsche Child Behavior Checklist (2000). *Child Behavior Checklist 1½-5 Deutsche Fassung (CBCL/1½-5). Elternfragebogen für Klein- und Vorschulkinder.* Köln: Arbeitsgruppe Kinder-, Jugend- und Familiendiagnostik (KJFD).

Arbeitsgruppe Familienrechtliche Gutachten. (2019). *Mindestanforderungen an die Qualität von Sachverständigengutachten im Kindschaftsrecht* (2. Aufl.). Berlin: Deutscher Psychologen Verlag.

Assink, M., van der Put, C.E., Meeuwsen, W.C.M., de Jong, N.M., Stams, G.J.J.M. & Hoeve, M. (2019). Risk factors for child sexual abuse victimization: A meta-analytic review. *Psychological Bulletin, 145,* 459-489.

Azar, R., Paquette, D., Zoccolillo, M., Baltzer, F. & Tremblay, R.E. (2007). The association of major depression, conduct disorder, and maternal overcontrol with a failure to show a cortisol buffered response in 4-month-old infants of teenage mothers. *Biological Psychiatry, 62,* 573-579. https://doi.org/10.1016/j.biopsych.2006.11.009

Azar, S.T., Lauretti, A.F. & Loding, B.V. (1998). The evaluation of parental fitness in termination of parental rights cases: A functional-contextual perspective. *Clinical Child and Family Psychology Review, 1,* 77-100. https://doi.org/10.1023/A:1021883611965

Babor, T.F., Higgins-Biddle, J.C., Saunders, J.B. & Monteiro, M. (2001). *AUDIT. The Alcohol Use Disorders Identification Test: Guidelines for use in primary care* (2nd ed.). Geneva: World Health Organization.

Baldwin, A. L., Baldwin, C. & Cole, R. E. (1990). Stress-resistant families and stress-resistant children. In J. Rolf, A. S. Masten, D. Cicchetti, K. H. Nuechterlein & S. Weintraub (Eds.), *Risk and protective factors in the development of psychopathology* (pp. 257–280). Cambridge: Cambridge University Press. https://doi.org/10.1017/CBO9780511752872.016

Balloff, R. (2018). *Kinder vor dem Familiengericht. Praxishandbuch zum Schutz des Kindeswohls unter rechtlichen, psychologischen und pädagogischen Aspekten* (3. Aufl.). Baden-Baden: Nomos. https://doi.org/10.5771/9783845283210

Balloff, R. & Walter, E. (2015). Anforderungen an familienrechtspsychologische Gutachten bei Kindeswohlgefährdungen nach § 1666 BGB. *Neue Zeitschrift für Familienrecht, 2*, 580–588.

Beck, A. T., Steer, R. A. & Brown, G. K. (2009). *Beck Depressions-Inventar. Revision (BDI-II). Deutsche Version von M. Hautzinger, F. Keller & Chr. Kühner*. Frankfurt am Main: Pearson.

Beckmann, D., Brähler, E. & Richter, H.-E. (2012). *Der Gießen-Test – II (GT-II)*. Bern: Huber.

Beckwith, L., Rodning, C., Norris, D., Phillipsen, L., Khandabi, P. & Howard, J. (1994). Spontaneous play in two-year-olds born to substance-abusing mothers. *Infant Mental Health Journal, 15*, 189–201. https://doi.org/10.1002/1097-0355(199422)15:2<189::AID-IMHJ2280150209>3.0.CO;2-W

Beesdo-Baum, K., Zaudig, M. & Wittchen, H.-U. (Hrsg.). (2019). *Strukturiertes Klinisches Interview für DSM-5-Störungen – Klinische Version (SCID-5-CV). Deutsche Bearbeitung des Structured Clinical Interview for DSM-5 Disorders – Clinician Version von Michael B. First, Janet B. W. Williams, Rhonda S. Karg, Robert L. Spitzer*. Göttingen: Hogrefe.

Bender, D. & Lösel, F. (2005). Misshandlung von Kindern: Risikofaktoren und Schutzfaktoren. In G. Deegener & W. Körner (Hrsg.), *Kindesmisshandlung und Vernachlässigung. Ein Handbuch* (S. 317–346). Göttingen: Hogrefe.

Benjamin, L. S. (1974). Structural Analysis of Social Behavior. *Psychological Review, 81*, 392–425. https://doi.org/10.1037/h0037024

Benjamin, L. S. (1996). A clinician-friendly version of the interpersonal circumplex: Structural Analysis of Social Behavior (SASB). *Journal of Personality Assessment, 66*, 248–266. https://doi.org/10.1207/s15327752jpa6602_5

Benjamin, L. S., Rothweiler, J. C. & Critchfield, K. L. (2006). The use of Structural Analysis of Social Behavior (SASB) as an assessment tool. *Annual Review of Clinical Psychology, 2*, 83–109. https://doi.org/10.1146/annurev.clinpsy.2.022305.095337

Benjet, C., Azar, S. T. & Kuersten-Hogan, R. (2003). Evaluating the parental fitness of psychiatrically diagnosed individuals: Advocating a functional-contextual analysis of parenting. *Journal of Family Psychology, 17*, 238–251. https://doi.org/10.1037/0893-3200.17.2.238

Bergau, B. (2014). *Lösungsorientierte Begutachtung als Intervention bei hochstrittiger Trennung und Scheidung*. Weinheim: Beltz.

Bergau, B. & Walper, S. (2011). Diagnostik und einvernehmenorientiertes Vorgehen im familiengerichtlichen Verfahren nach § 163 Abs. 2 FamFG. *Praxis der Rechtspsychologie, 21*, 207–229.

Bessmer, J. L. (1996). *The Dyadic Parent-Child Interaction Coding System II (DPICS II): Reliability and validity*. Dissertation, University of Florida.

Bohus, M., Limberger, M. F., Frank, U., Sender, I., Gratwohl, T. & Stieglitz, R.-D. (2001). Entwicklung der Borderline-Symptom-Liste. *Psychotherapie, Psychosomatik und Medizinische Psychologie, 51*, 201–211. https://doi.org/10.1055/s-2001-13281

Bowlby, J. (1979). *The making and breaking of affectional bonds*. London: Tavistock.

Brassard, M.R., Hart, S.N. & Hardy, D.B. (1993). The psychological maltreatment rating scales. *Child Abuse & Neglect, 4,* 715–729. https://doi.org/10.1016/S0145-2134(08)80 003-8

Brazelton, T.B. & Greenspan, S.I. (2008). *Die sieben Grundbedürfnisse von Kindern.* Weinheim: Beltz.

Brown, J., Cohen, P., Johnson, J.G. & Salzinger, S. (1998). A longitudinal analysis of risk factors for child maltreatment: Findings of a 17-year prospective study of officially recorded and self-reported child abuse and neglect. *Child Abuse & Neglect, 22,* 1065–1078. https://doi.org/10.1016/S0145-2134(98)00087-8

Budd, K.S. (2001). Assessing parenting competence in child protection cases: A clinical practice model. *Clinical Child and Family Psychology Review, 4,* 1–18.

Campbell, D.T. & Fiske, D.W. (1959). Convergent and discriminant validation by the Multitrait-Multimethod Matrix. *Psychological Bulletin, 56,* 81–105. https://doi.org/10.1037/h0046016

Capaldi, D. & Patterson, G.R. (1989). *Psychometric properties of fourteen latent constructs from the Oregon Youth Study.* New York: Springer. https://doi.org/10.1007/978-1-4612-3562-0

Carlile, K.S. & Holstrum, W.J. (1989). Parental involvement behaviors: A comparison of chamorro and caucasian parents. *Infant Behavior and Development, 12,* 479–494. https://doi.org/10.1016/0163-6383(89)90028-3

Cerezo, M.A. & D'Ocon, A. (1995). Maternal inconsistent sozialisation: An interactional pattern with maltreated children. *Child Abuse Review, 4,* 14–31. https://doi.org/10.1002/car.2380040105

Cerezo, M.A., Keesler, T.Y., Dunn, E.Y. & Wahler, R.G. (1986). *Standardized observation codes: SOC III.* Unpublished document of the Child Behavior Institute, University of Tennessee.

Cox, C.E., Kotch, J.B. & Everson, M.D. (2003). A longitudinal study of modifying influences in the relationship between domestic violence and child maltreatment. *Journal of Family Violence, 18,* 5–17. https://doi.org/10.1023/A:1021497213505

Cox, M. (1997). *Qualitative Ratings for Parent-Child Interaction.* Unpublished manual, University of North Carolina at Chapel Hill.

Crittenden, P.M. (1981). Abusing, neglecting, problematic, and adequate dyads: Differentiating by patterns of interaction. *Merrill-Palmer Quarterly of Behavior and Development, 27,* 201–218.

Crittenden, P.M. (2004). *CARE-Index Infants (Birth-15 months). Coding Manual.* Unpublished manuscript, Family Relations Institute, Miami, FL.

Crittenden, P.M. (2005). Der CARE-Index als Hilfsmittel für Früherkennung, Intervention und Forschung. *Frühförderung interdisziplinär, 3,* 99–106.

Crittenden, P.M. (2006). *CARE-Index Toddlers. Coding Manual.* Unpublished manuscript, Family Relations Institute, Miami, FL.

Crowell, J.A. & Feldman, S.S. (1988). Mothers' internal models of relationships and children's behavioral and developmental status: A study of the mother-child interaction. *Child Development, 59,* 1273–1285. https://doi.org/10.2307/1130490

Dahle, K.-P. (2010). Die Begutachtung der Gefährlichkeits- und Kriminalprognose des Rechtsbrechers. In R. Volbert & K.-P. Dahle, *Forensisch-psychologische Diagnostik im Strafverfahren* (Kompendien Psychologische Diagnostik, Bd. 12, S. 67–114). Göttingen: Hogrefe.

Daseking, M. & Petermann, F. (2006). Anamnese und Exploration. In F. Petermann & M. Eid (Hrsg.), *Handbuch der Psychologischen Diagnostik* (S. 242–250). Göttingen: Hogrefe.

Deegener, G. (2005). Formen und Häufigkeiten der Kindesmisshandlung. In G. Deegener & W. Körner (Hrsg.), *Kindesmisshandlung und Vernachlässigung. Ein Handbuch* (S. 37–58). Göttingen: Hogrefe.

Deegener, G. (2012). Kindesmisshandlung: Formen, Häufigkeiten, Ursachen und Folgen. *Praxis der Rechtspsychologie, 22,* 349–369.

Deegener, G., Spangler, G., Körner, W. & Becker, N. (2009). *Eltern-Belastungs-Screening zur Kindeswohlgefährdung (EBSK). Deutsche Form des Child Abuse Potential Inventory (CAPI) von Joel S. Milner.* Göttingen: Hogrefe.

Dettenborn, H. (2008). Familienrechtspsychologische Begutachtung. In R. Volbert & M. Steller (Hrsg.), *Handbuch der Rechtspsychologie* (S. 521–609). Göttingen: Hogrefe.

Dettenborn, H. (2017). *Kindeswohl und Kindeswille. Psychologische und rechtliche Aspekte* (5. Aufl.). München: Ernst Reinhardt.

Dettenborn, H. & Walter, E. (2016). *Familienrechtspsychologie* (3. Aufl.). Stuttgart: UTB.

Diagnostik- und Testkuratorium der Föderation Deutscher Psychologenvereinigungen. (2017). *Qualitätsstandards für psychologische Gutachten.* Verfügbar unter https://www.dgps.de/fileadmin/documents/Empfehlungen/GA_Standards_DTK_10_Sep_2017_Final.pdf

Domsch, H. & Lohaus, A. (2010). *Elternstressfragebogen (ESF).* Göttingen: Hogrefe.

Döpfner, M. & Lehmkuhl, G. (1997). Von der kategorialen zur dimensionalen Diagnostik. *Praxis der Kinderpsychologie und Kinderpsychiatrie, 46,* 519–547.

Döpfner, M., Plück, J., Kinnen, C. & Arbeitsgruppe Deutsche Child Behavior Checklist (2014). *Deutsche Schulalter-Formen der Child Behavior Checklist von Thomas M. Achenbach. Elternfragebogen über das Verhalten von Kindern und Jugendlichen (CBCL/6-18R), Lehrerfragebogen über das Verhalten von Kindern und Jugendlichen (TRF/6-18R), Fragebogen für Jugendliche (YSR/11-18R).* Göttingen: Hogrefe.

Downing, G. (2009). Videointervention bei gestörten Eltern-Kind-Beziehungen. In K.-H. Brisch & T. Hellbrügge (Hrsg.), *Bindung, Angst und Aggression: Theorie, Therapie und Prävention* (S. 188–231). Stuttgart: Klett-Cotta.

Drozd, L., Saini, M. & Olesen, N. (2016). *Parenting plan evaluations.* New York: Oxford University Press. https://doi.org/10.1093/med:psych/9780199396580.001.0001

Dubowitz, H., Kim, J., Black, M.M., Weisbart, C., Semiatin, J. & Magder, L.S. (2011). Identifying children at high risk for a child maltreatment report. *Child Abuse & Neglect, 35,* 96–104.

Eid, M. & Schmidt, K. (2014). *Testtheorie und Testkonstruktion.* Göttingen: Hogrefe.

Erdmann, G. & Janke, W. (2008). *Stressverarbeitungsfragebogen (SVF). Stress, Stressverarbeitung und ihre Erfassung durch ein mehrdimensionales Testsystem* (4., überarbeitete und erweiterte Aufl.). Göttingen: Hogrefe.

Esser, G., Scheven, A., Petrova, A. & Laucht, M. (1989). Mannheimer Beurteilungsskala zur Erfassung der Mutter-Kind-Interaktion im Säuglingsalter (MBS-MKI-S). *Zeitschrift für Kinder- und Jugendpsychiatrie und Psychotherapie, 17,* 185–193.

Esser, G. & Wyschkon, A. (2016). *Basisdiagnostik Umschriebener Entwicklungsstörungen im Vorschulalter – Version III (BUEVA-III).* Göttingen: Hogrefe.

Esser, G., Wyschkon, A. & Ballaschk, K. (2008). *Basisdiagnostik Umschriebener Entwicklungsstörungen im Grundschulalter (BUEGA).* Göttingen: Hogrefe.

European Federation of Psychologists' Associations (EFPA). (2005). *Meta-Code of Ethics.* Retrieved from http://ethics.efpa.eu/metaand-model-code/meta-code/

Eyberg, S.M., Bessmer, J.L., Newcomb, K., Edwards, D.L. & Robinson, E.A. (1994). *Dyadic Parent-Child Interaction System II: A manual.* San Rafel, CA: Select Press.

Fahrenberg, J., Hampel, R. & Selg, H. (2010). *Freiburger Persönlichkeitsinventar (FPI-R)* (8., erw. Aufl.). Göttingen: Hogrefe.

Farran, D.C., Kasari, C., Comfort, M. & Jay, S. (1986). *The Parent/Caregiver Involvement Scale: Manual.* Honolulu, Hawaii: Center for the Development of Early Education.

Fichtner, J. (2015). *Trennungsfamilien – Lösungsorientierte Begutachtung und gerichtsnahe Beratung.* Göttingen: Hogrefe. https://doi.org/10.1026/02517-000

Föderation Deutscher Psychologenvereinigungen GbR (Hrsg.). (2016). *Berufsethische Richtlinien des Berufsverbandes Deutscher Psychologinnen und Psychologen e.V. und der Deutschen Gesellschaft für Psychologie e.V.* Verfügbar unter https://www.dgps.de/fileadmin/documents/Empfehlungen/ber-foederation-2016.pdf

Foote, R.C. (1999). *The Dyadic Parent-Child Interaction Coding System II (DPICS II): Reliability and validity in father-child dyads.* Dissertation, University of Florida.

Franke, G.H. (2014). *Symptom-Checklist-90-Standard (SCL-90-S).* Göttingen: Hogrefe.

Franke, U. & Schulte-Hötzel, M. (2019). *Die Heidelberger Marschak-Interaktionsmethode.* Oftersheim: Theraplay.

Fuhrer, U. (2009). *Lehrbuch Erziehungspsychologie* (2., überarb. Aufl.). Bern: Huber.

Gehring, T.M. (1998). *Familiensystemtest (FAST)* (2., erw. Aufl.). Weinheim: Beltz Test.

George, C., Kaplan, N., Main, M. (2001). Adult Attachment Interview. In G. Gloger-Tippelt (Hrsg.), *Bindung im Erwachsenenalter* (S. 364–387). Bern: Huber.

George, C., West, M. & Pettem, O. (1999). The Adult Attachment Projective: Disorganization of adult attachment at the level of representation. In J. Solomon & C. George (Eds.), *Attachment disorganization* (pp. 462–507). New York: Guilford.

Glaser, D. (2002). Kindesmisshandlung und -vernachlässigung und das Gehirn: Ein Überblick. *Kindesmisshandlung und -vernachlässigung, 5,* 38–103.

Gloger-Tippelt, G. & König, L. (2016). *Bindung in der mittleren Kindheit. Das Geschichtenergänzungsverfahren zur Bindung 5- bis 8-jähriger Kinder (GEV-B).* Weinheim: Beltz.

Gloger-Tippelt, G., Vetter, J. & Rauh, H. (2000). Untersuchungen mit der „Fremden Situation" in deutschsprachigen Ländern: Ein Überblick. *Psychologie in Erziehung und Unterricht, 47,* 87–98.

Goldman, J., Salus, M., Wolcott, D. & Kennedy, K. (2003). *A coordinated response to child abuse and neglect: The foundation for practice.* Washington, DC: Office on Child Abuse and Neglect.

Goodyer, I.M. (1994). Developmental psychopathology: The impact of recent life events in anxious and depressed school-age children. *Journal of the Royal Society of Medicine, 87,* 327–329.

Gould, J.W., Dale, M.D., Fisher, N.B. & Gould, M.R. (2016). Scientific and professional knowledge for family court. In L. Drozd, M. Saini & N. Olesen (Eds.), *Parenting plan evaluations. Applied research for the family court* (2nd ed., pp. 3–46). New York: Oxford University Press. https://doi.org/10.1093/med:psych/9780199396580.003.0001

Gretenkord, L. (2017). Forensische Prognosen – eine Einführung. In U. Kobbé (Hrsg.), *Forensische Prognosen. Ein transdisziplinäres Praxismanual. Standards, Leitfäden, Kritik* (S. 51–66). Lengerich: Pabst.

Grob, A. & Hagmann-von Arx, P. (2018). *Intelligence and Development Scales – 2 (IDS- 2). Intelligenz- und Entwicklungsskalen für Kinder und Jugendliche.* Bern: Hogrefe.

Grob, A., Meyer, C.S. & Hagmann-von Arx, P. (2009). *Intelligence and Development Scales (IDS). Intelligenz- und Entwicklungsskalen für Kinder von 5–10 Jahren.* Bern: Huber.

Grob, A., Reimann, G., Gut, J. & Frischknecht, M.-C. (2013). *Intelligence and Development Scales – Preschool (IDS-P). Intelligenz- und Entwicklungsskalen für das Vorschulalter*. Bern: Huber.

Grob, A. & Smolenski, C. (2009). *Fragebogen zur Erhebung der Emotionsregulation bei Kindern und Jugendlichen (FEEL-KJ)* (2., aktualis. u. erg. Aufl.). Bern: Huber.

Grossmann, K. & Grossmann, K. (2012). *Bindungen – das Gefüge psychischer Sicherheit* (7. Aufl.). Stuttgart: Klett-Cotta.

Haskett, M. E., Allaire, J. C., Kreig, S. & Hart, K. C. (2008). Protective and vulnerability factors for physically abused children: Effects of ethnicity and parenting context. *Child Abuse & Neglect, 32*, 567–576. https://doi.org/10.1016/j.chiabu.2007.06.009

Haskett, M. E., Neupert, S. D. & Okado, Y. (2013). Factors associated with 3-year stability and change in parenting behavior of abusive parents. *Journal of Child & Family Studies, 23*, 263–274. https://doi.org/10.1007/s10826-013-9729-y

Haskett, M. E., Smith Scott, S. & Sabourin Ward, C. (2004). Subgroups of physically abusive parents based on cluster analysis of parenting behavior and affect. *American Journal of Orthopsychiatry, 74*, 436–447. https://doi.org/10.1037/0002-9432.74.4.436

Heiß, H. & Castellanos, H. A. (2013). *Gemeinsame Sorge und Kindeswohl nach neuem Recht*. Baden-Baden: Nomos.

Heller, S., Aoki, Y., Crowell, J., Chase-Landsdale, L., Brooks-Gunn, J., Schoffner, K. et al. (1998). *Parent-child interaction procedure: Coding manual*. Unpublished manuscript, Tulane University, New Orleans, LA.

Hommers, W. (2009). *Sorge- und Umgangsrechtliche Testbatterie (SURT)*. Bern: Huber.

Hommers, W. (2019). Die Heidelberger Marschak-Interaktionsmethode (H-MIM): Eine kritische Analyse aus familienrechtspsychologischer Sicht. *Rechtspsychologie, 5*, 347–360. https://doi.org/10.5771/2365-1083-2019-3-347

Hommers, W. & Steinmetz-Zubovic, M. (2013). Zu Weiterentwicklungen in der familienrechtspsychologischen Testdiagnostik. *Praxis der Rechtspsychologie, 23*, 312–326.

Hooper, S. R., Burchinal, M. R., Roberts, J. E., Zeisel, S. & Neebe, E. C. (1998). Social and family risk factors for infant development at one year: An application of the cumulative risk model. *Journal of Applied Developmental Psychology, 19*, 85–96. https://doi.org/10.1016/S0193-3973(99)80029-X

Hurlburt, M. S., Nguyen, K., Reid, J., Webster-Stratton, C. & Zhang, J. (2013). Efficacy of the incredible years group parent program with families in Head Start who self-reported a history of child maltreatment. *Child Abuse & Neglect, 37*, 531–543. https://doi.org/10.1016/j.chiabu.2012.10.008

Hynan, D. J. (2014). *Child custody evaluation. New theoretical applications and research*. Springfield, IL: Charles C. Thomas.

Jacob, A. (2016). *Interaktionsbeobachtung von Eltern und Kind* (2. Aufl.). Stuttgart: Kohlhammer.

Jacob, A. & Schiel, A. (2010). *Interviewleitfaden zur Diagnostik von Elterlichem Erziehungsverhalten (IDEE)*. Verfügbar unter https://dl.kohlhammer.de/content/downloads/978-3-17-033780-0/03_IDEE_Interviewleitfaden.pdf

Jacob, A. & Wahlen, K. (2006). *Das Multiaxiale Diagnosesystem Jugendhilfe (MAD-J)*. München: Ernst Reinhardt.

Kandel, D. B. (1990). Parenting styles, drug use, and children's adjustment in families of young adults. *Journal of Marriage and Family, 52*, 183–196. https://doi.org/10.2307/352849

Keesler, T. Y. (1987). *Coercive exchanges in mother-child interactions.* Dissertation, University of Tennessee, Knoxville.

Kemppinen, K., Kumpulainen, K., Raita-Hasu, J., Moilanen, I. & Ebeling, H. (2006). The continuity of maternal sensitivity from infancy to toddler age. *Journal of Reproductive and Infant Psychology, 24,* 199–212. https://doi.org/10.1080/02646830600821249

Kenny, M., Conroy, S., Pariante, C. M., Senevriatne, G. & Pawlby, S. (2013). Mother-infant interaction in mother and baby unit patients: Before and after treatment. *Journal of Psychiatric Research, 47,* 1192–1198. https://doi.org/10.1016/j.jpsychires.2013.05.012

Kindler, H. (2006). Welche Einschätzungsaufgaben stellen sich in Gefährdungsfällen? In H. Kindler, S. Lillig, H. Blüml, T. Meysen & A. Werner (Hrsg.), *Handbuch Kindeswohlgefährdung nach §1666 BGB und Allgemeiner Sozialer Dienst (ASD)* (S. 59-1–59-8). München: Deutsches Jugendinstitut e. V.

Kindler, H. (2008). Gefährdungseinschätzung durch psychologische Sachverständige im Kontext von §1666 BGB/§8a SGB VIII. *Praxis der Rechtspsychologie, 18,* 240–257.

Kindler, H. (2018). Operationalisierungen von Kindeswohl und Kindeswohlgefährdung in den Sozial- und Humanwissenschaften. In H. Katzenstein, K. Lohse, G. Schindler & L. Schönecker (Hrsg.), *Das Recht als Partner der Fachlichkeit in der Kinder- und Jugendhilfe* (S. 181–224). Baden-Baden: Nomos. https://doi.org/10.5771/9783845295589-179

Kindler, H., Lillig, S., Blüml, H., Meysen, T. & Werner, A. (Hrsg.). (2006). *Handbuch Kindeswohlgefährdung nach §1666 BGB und Allgemeiner Sozialer Dienst (ASD).* München: Deutsches Jugendinstitut e. V.

Kindler, H., Lukasczyk, P. & Reich, W. (2008). Validierung und Evaluation eines Diagnoseinstrumentes zur Gefährdungseinschätzung bei Verdacht auf Kindeswohlgefährdung (Kinderschutzbogen). *Zeitschrift für Kindschaftsrecht und Jugendhilfe, 94,* 500–505.

Kindler, H. & Reich, W. (2007). Einschätzung von Gefährdungsrisiken am Beispiel der weiterentwickelten Version des Kinderschutzbogens. In Verein für Kommunalwissenschaften e. V. (Hrsg.), *Kinderschutz gemeinsam gestalten: §8a SGB VIII – Schutzauftrag der Kinder- und Jugendhilfe* (S. 63–94). Berlin: Verein für Kommunalwissenschaften e. V.

Kindler, H. & Schwabe-Höllein, M. (2012). Aspekte seelischer Kindesmisshandlung. *Praxis der Rechtspsychologie, 22,* 404–418.

Klasen, F., Otto, C., Kriston, L., Patalay, P., Schlack, R. & Ravens-Sieberer, U. (2015). Risk and protective factors for the development of depressive symptoms in children and adolescents: Results of the longitudinal BELLA study. *European Child and Adolescent Psychiatry, 24,* 695–703. https://doi.org/10.1007/s00787-014-0637-5

Klein, M. & Moesgen, D. (2019). Kinder von suchtkranken Eltern. In R. Volbert, A. Huber, A. Jacob & A. Kannegießer (Hrsg.), *Empirische Grundlagen der familienrechtlichen Begutachtung* (S. 183–202). Göttingen: Hogrefe.

Koglin, U., Petermann, F. & Petermann, U. (2019). *Entwicklungsbeobachtung und -dokumentation (EBD 48-72 Monate)* (6. Aufl.). Berlin: Cornelsen.

Kraemer, H. C., Kazdin, A. E., Offord, D. R., Kessler, R. C., Jensen, P. S. & Kupfer, D. J. (1997). Coming to terms with the term of risk. *Archives of General Psychiatry, 54,* 337–343. https://doi.org/10.1001/archpsyc.1997.01830160065009

Krohne, H. W. & Pulsack, A. (1995). *Erziehungsstil-Inventar (ESI)* (2., verbesserte Aufl.). Weinheim: Beltz Test.

Kuhl, J. & Kazén, M. (2009). *Persönlichkeits-Stil- und Störungs-Inventar (PSSI)* (2., überarbeitete und neu normierte Aufl.). Göttingen: Hogrefe.

Künster, A. K., Fegert, J. M. & Ziegenhain, U. (2010). Assessing parent-child interaction in the preschool years: A pilot study on the psychometric properties of the toddler CARE-Index. *Clinical Child Psychology and Psychiatry, 15,* 379–389. https://doi.org/10.1177/1359104510367585

Laucht, M., Esser, G. & Schmidt, M. H. (1992). Psychisch auffällige Eltern: Risiken für die kindliche Entwicklung im Säuglings- und Kleinkindalter. *Zeitschrift für Familienforschung, 4,* 22–48.

Laucht, M., Esser, G. & Schmidt, M. H. (2000a). Entwicklung von Risikokindern im Schulalter: Die langfristigen Folgen frühkindlicher Belastungen. *Zeitschrift für Entwicklungspsychologie und Pädagogische Psychologie, 32,* 59–69. https://doi.org/10.1026//0049-8637.32.2.59

Laucht, M., Esser, G. & Schmidt, M. H. (2000b). Externalisierende und internalisierende Störungen in der Kindheit: Untersuchungen zur Entwicklungspsychopathologie. *Zeitschrift für Klinische Psychologie und Psychotherapie, 29,* 284–292. https://doi.org/10.1026//0084-5345.29.4.284

Laucht, M., Esser, G. & Schmidt, M. H. (2000c). Längsschnittforschung zur Entwicklungsepidemiologie psychischer Störungen: Zielsetzung, Konzeption und zentrale Befunde der Mannheimer Risikokinderstudie. *Zeitschrift für Klinische Psychologie und Psychotherapie, 29,* 246–262. https://doi.org/10.1026//0084-5345.29.4.246

Leichsenring, F. (1997). *Borderline-Persönlichkeits-Inventar (BPI)*. Göttingen: Hogrefe.

Lengning, A. & Lüpschen, N. (2012). *Bindung*. München: Ernst Reinhardt.

Lenz, A. (2014). *Kinder psychisch kranker Eltern* (2. Aufl.). Göttingen: Hogrefe.

Leventhal, A., Jacobsen, T., Miller, L. & Quintana, E. (2004). Caregiving attitudes and at-risk maternal behavior among mothers with major mental illness. *Psychiatric Services, 55,* 1431–1433. https://doi.org/10.1176/appi.ps.55.12.1431

Loop, L., Mouton, B., Brassart, E. & Roskam, I. (2017). The observation of child behavior during parent-child interaction: The psychometric properties of the Crowell Procedure. *Journal of Family Studies, 26,* 1040–1050. https://doi.org/10.1007/s10826-016-0625-0

Lösel, F., Beelmann, A., Jarusch, S., Koglin, U. & Stemmler, M. (2008). Entwicklung und Prävention von Problemen des Sozialverhaltens: Die Erlangen-Nürnberger Studie. In M. Cierpka (Hrsg.), *Möglichkeiten der Gewaltprävention* (S. 206–234). Göttingen: Vandenhoeck & Ruprecht. https://doi.org/10.13109/9783666462092.206

Lösel, F., Beelmann, A., Stemmler, M. & Jarusch, S. (2004). *Soziale Kompetenz für Kinder und Familien – die Erlangen-Nürnberger Studie. Projektbericht im Auftrag des Bundesministeriums für Familie, Senioren, Frauen und Jugend*. Berlin: Bundesministerium für Familie, Senioren, Frauen und Jugend.

Lübbehüsen, B. & Kolbe, F. (2009). Intervenierendes Arbeiten in der familienpsychologischen Begutachtung. *Praxis der Rechtspsychologie, 19,* 282–309.

Lübbehüsen, B. & Kolbe, F. (2013). Hausbesuche in der familiengerichtlichen Begutachtung. *Praxis der Rechtspsychologie, 23,* 400–415.

Lübbehüsen, B. & Kolbe, F. (2014). Intervenierendes Arbeiten bei Begutachtung nach § 1666 BGB. *Praxis der Rechtspsychologie, 24,* 319–345.

Ludewig, K. & Wilken, U. (Hrsg.). (2000). *Das Familienbrett. Ein Verfahren für die Forschung und Praxis mit Familien und anderen sozialen Systemen*. Göttingen: Hogrefe.

Main, M., Kaplan, N. & Cassidy, J. (1985). Security in infancy, childhood, and adulthood: A move to the level of representation. *Monographs of the Society for Research in Child Development, 50,* 66–104. https://doi.org/10.2307/3333827

Manley, J. & Chavez, D. (2008). Child maltreatment parental assessments. In H.V. Hall (Ed.), *Forensic psychology and neuropsychology for criminal and civil cases* (pp. 621–646). Boca Ranton, FL: CRC Press.

Margraf, J. & Cwik, J.C. (2017). *Mini-DIPS Open Access: Diagnostisches Kurzinterview bei psychischen Störungen* (2., überarb. Aufl.). Bochum: Forschungs- und Behandlungszentrum für psychische Gesundheit, Ruhr-Universität Bochum. https://doi.org/10.13154/rub.102.91

Margraf, J., Cwik, J.C., Suppiger, A. & Schneider, S. (2017). *DIPS Open Access: Diagnostisches Interview bei psychischen Störungen* (5., überarb. Aufl.). Bochum: Forschungs- und Behandlungszentrum für psychische Gesundheit, Ruhr-Universität Bochum. https://doi.org/10.13154/rub.100.89

Maslow, A.M. (1943). A theory of human motivation. *Psychological Review, 50*, 370–396. https://doi.org/10.1037/h0054346

Mattejat, F. (2019). Psychisch kranke Eltern. In R. Volbert, A. Huber, A. Jacob & A. Kannegießer (Hrsg.), *Empirische Grundlagen der familienrechtlichen Begutachtung* (S. 141–182). Göttingen: Hogrefe.

Mayring, P. (2015). *Qualitative Inhaltsanalyse. Grundlagen und Techniken* (12., überarb. Aufl.). Weinheim: Beltz.

McNichol, T. & Tash, C. (2001). Parental substance abuse and the development of children in family foster care. *Child Welfare, 80*, 239–256.

Mersky, J.P., Berger, L.M., Reynolds, A.J. & Gromoske, A.N. (2009). Risk factors for child and adolescent maltreatment: A longitudinal investigation of a cohort of inner-city youth. *Child Maltreatment, 14*, 73–88. https://doi.org/10.1177/1077559508318399

Meyer-Probst, B. & Reis, O. (1999). Von der Geburt bis 25: Rostocker Längsschnittstudie (ROLS). *Kindheit und Entwicklung, 8*, 59–68. https://doi.org/10.1026//0942-5403.8.1.59

Miller, B.A., Smyth, N.J. & Mudar, P.J. (1999). Mothers' alcohol and other drug problems and their punitiveness toward their children. *Journal of Studies on Alcohol, 60*, 632–642. https://doi.org/10.15288/jsa.1999.60.632

Milojevich, H.M. & Haskett, M.E. (2018). Longitudinal associations between physically abusive parents' emotional expressiveness and children's self regulation. *Child Abuse & Neglect, 77*, 144–154. https://doi.org/10.1016/j.chiabu.2018.01.011

Moran, G., Pederson, D.R., Pettit, P. & Krupka, A. (1992). Maternal sensitivity and infant-mother attachment in a developmentally delayed sample. *Infant Behavior and Development, 15*, 427–442. https://doi.org/10.1016/0163-6383(92)80011-I

Mulder, T.M., Kuiper, K.C., van der Put, C.E., Stams, G.J.J.M. & Assink, M. (2018). Risk factors for child neglect: A meta-anaytic review. *Child Abuse & Neglect, 77*, 198–210.

Müller, J.M., Hoffmann, V.A. & Wonner, L.I. (2018). *Systematisches Review zu den inhaltlichen Aspekten bei der Beurteilung einer Eltern- bzw. Mutter-Kind-Interaktion auf der Basis deutschsprachiger Verfahren*. Verfügbar unter http://dx.doi.org/10.23668/psycharchives.855

Mullick, M., Miller, L.J. & Jacobsen, T. (2001). Insight into mental illness and child maltreatment risk among mothers with major psychiatric disorders. *Psychiatric Services, 52*, 488–492. https://doi.org/10.1176/appi.ps.52.4.488

Munson, L.J. & Odom, S.L. (1996). Review of rating scales that measure parent-infant interaction. *Topics in Early Childhood Special Education, 16*, 1–25. https://doi.org/10.1177/027112149601600104

Myers, J.E.B., Berliner, L., Briere, J., Hendrix, C.T., Jenny, C. & Reid, T.A. (Eds.). (2002). *The APSAC handbook on child maltreatment* (2nd ed.). Thousand Oaks: Sage.

Nair, P., Schuler, M. E., Black, M. M., Kettinger, L. & Harrington, D. (2003). Cumulative environmental risk in substance abusing women: Early intervention, parenting stress, child abuse potential and child development. *Child Abuse & Neglect, 27,* 997–1017. https://doi.org/10.1016/S0145-2134(03)00169-8

Naumann, S., Bertram, H., Kuschel, A., Heinrichs, N., Hahlweg, K. & Döpfner, M. (2010). Der Erziehungsfragebogen (EFB). Ein Fragebogen zur Erfassung elterlicher Verhaltenstendenzen in schwierigen Erziehungssituationen. *Diagnostica, 56,* 144–157. https://doi.org/10.1026/0012-1924/a000018

Niehaus, S., Volbert, R. & Fegert, J. (2017). *Entwicklungsgerechte Befragung von Kindern in Strafverfahren.* Berlin: Springer. https://doi.org/10.1007/978-3-662-53863-0

Oberlander Condie, L. (2003). *Parenting evaluations for the court. Care and protection matters.* New York: Kluwer. https://doi.org/10.1007/b100505

Okulicz-Kozaryn, M., Schmidt, A. F. & Banse, R. (2019). Worin besteht die Expertise von forensischen Sachverständigen, und ist die Approbation gemäß Psychotherapeutengesetz dafür erforderlich? *Psychologische Rundschau, 70,* 250–258. https://doi.org/10.1026/0033-3042/a000457

Ostendorf, F. & Angleitner, A. (2004). *NEO-Persönlichkeitsinventar nach Costa und McCrae. Revidierte Fassung (NEO-PI-R).* Göttingen: Hogrefe.

Ostler, T. (2010). Assessing parenting risk within the context of severe and persistent mental illness: Validating an observational measure for families with child protective service involvement. *Infant Mental Health Journal, 31,* 467–485. https://doi.org/10.1002/imhj.20267

Paris, R., Herriott, A., Holt, M. & Gould, K. (2015). Differential responsiveness to a parenting intervention for mothers in substance abuse treatment. *Child Abuse & Neglect, 50,* 206–217. https://doi.org/10.1016/j.chiabu.2015.09.007

Pawils, S. & Metzner, F. (2014). Erziehungsfähigkeit in familienrechtlichen Begutachtungen. *Forensische Psychiatrie, Psychologie, Kriminologie, 8,* 288–294. https://doi.org/10.1007/s11757-014-0285-0

Pederson, D. R., Moran, G. & Bento, S. (1999). *Maternal behavior Q-sort manual. Version 3.1.* Retrieved from http://www.psychology.sunysb.edu/attachment/measures/content/pederson_qset.html

Pederson, D. R., Moran, G., Sitko, C., Campbell, K., Ghesquire, K. & Acton, H. (1990). Maternal sensitivity and the security of infant-mother attachment: A Q-sort study. *Child Development, 61,* 1974–1983. https://doi.org/10.2307/1130851

Petermann, F. & Eid, M. (Hrsg.). (2006). *Handbuch der Psychologischen Diagnostik.* Göttingen: Hogrefe.

Petermann, F. & Macha, T. (2013). *Entwicklungstest für Kinder von 6 Monaten bis 6 Jahren – Revision (ET 6-6-R).* Frankfurt am Main: Pearson.

Petermann, U., Petermann, F. & Koglin, U. (2019). *Entwicklungsbeobachtung und dokumentation (EBD 3-48 Monate)* (9. Aufl.). Berlin: Cornelsen.

Plattner, A. (2017). Allgemeine Kriterien der Erziehungsfähigkeit. In A. Plattner (Hrsg.), *Erziehungsfähigkeit psychisch kranker Eltern richtig einschätzen und fördern* (S. 13–20). München: Ernst Reinhardt.

Popper, K. R. (1989). *Logik der Forschung* (9. Aufl.). Tübingen: Mohr.

Rains, C. (2003). *Coder Impressions Inventory-Original* (Fast Track Project Technical Report). Retrieved from http://www.fasttrackproject.org/

Reder, P. & Lucey, C. (1995). *Assessment of parenting.* Abingdon: Routledge.

Remschmidt, H. & Mattejat, F. (1999). *Familien-Identifikations-Test (FIT)*. Göttingen: Hogrefe.

Rettenberger, M. & von Franqué, F. (Hrsg.) (2013). *Handbuch kriminalprognostischer Verfahren*. Göttingen: Hogrefe.

Robinson, E. A. & Eyberg, S. M. (1981). The Dyadic Parent-Child Interaction Coding System: Standardization and validation. *Journal of Consulting and Clinical Psychology, 49*, 245–250. https://doi.org/10.1037/0022-006X.49.2.245

Robinson, L. R., Sheffield Morris, A., Scott Heller, S., Scheeringa, M. S., Boris, N. W. & Smyke, A. T. (2009). Relations between emotion regulation, parenting, and psychopathology in young maltreated children in out of home care. *Journal of Child & Family Studies, 18*, 421–434. https://doi.org/10.1007/s10826-008-9246-6

Rutter, M. (1985). Resilience in the face of adversity. Protective factors and resistance to psychiatric disorder. *British Journal of Psychiatry, 147*, 598–611. https://doi.org/10.1192/bjp.147.6.598

Rutter, M. (1989). Isle of Wight revisited: Twenty-five years of child psychiatric epidemiology. *Journal of the American Academy of Child and Adolescent Psychiatry, 28*, 633–653. https://doi.org/10.1097/00004583-198909000-00001

Rutter, M. (2002). The interplay of nature, nurture and development influences. The challenge ahead for mental health. *Archives of General Psychiatry, 59*, 996–1000. https://doi.org/10.1001/archpsyc.59.11.996

Rutter, M. (2009). Understanding and testing risk mechanisms for mental disorders. *Journal of Child Psychology and Psychiatry, 50*, 44–52. https://doi.org/10.1111/j.1469-7610.2008.01976.x

Rutter, M. (2013). Developmental psychopathology: A paradigm shift or just a relabeling? *Development and Psychopathology, 25*, 1201–1213. https://doi.org/10.1017/S0954579413000564

Sabates, R. & Dex, S. (2015). The impact of multiple risk factors on young children's cognitive and behavioural development. *Children & Society, 29*, 95–108. https://doi.org/10.1111/chso.12024

Sabourin Ward, C. & Haskett, M. E. (2008). Exploration and validation of clusters of physically abused children. *Child Abuse & Neglect, 32*, 577–588. https://doi.org/10.1016/j.chiabu.2007.07.012

Saini, M. & Polack, S. (2014). The ecological validity of parent-child observations: A review of empirical evidence related to custody evaluations. *Journal of Child Custody, 11*, 181–201. https://doi.org/10.1080/15379418.2014.953661

Salzgeber, J. (2015). *Familienpsychologische Gutachten. Rechtliche Vorgaben und sachverständiges Vorgehen* (6. Aufl.). München: C. H. Beck.

Salzgeber, J. (2018). *Arbeitsbuch familienpsychologische Gutachten*. München: C. H. Beck.

Satow, L. (2013). *Eltern-Erziehungsstil-Inventar (EEI): Test- und Skalendokumentation*. Verfügbar unter http://www.drsatow.de

Schmid, H. & Meysen, T. (2006). Was ist unter Kindeswohlgefährdung zu verstehen? In H. Kindler, S. Lillig, H. Blüml, T. Meysen & A. Werner (Hrsg.), *Handbuch Kindeswohlgefährdung nach §1666 BGB und Allgemeiner Sozialer Dienst (ASD)* (S. 2-1-2-9). München: Deutsches Jugendinstitut e. V.

Schmidt-Atzert, L. & Amelang, M. (2018). *Psychologische Diagnostik* (5. Aufl.). Heidelberg: Springer.

Schumacher, J., Eisemann, M. R. & Brähler, E. (2000). *Fragebogen zum erinnerten elterlichen Erziehungsverhalten (FEE)*. Bern: Huber.

Schütt, S. & Zumbach, J. (2019). Impulse aus der kriminalprognostischen Begutachtung für die Kindeswohlprognose im Familienrecht: Entwicklung eines Interviewleitfadens für die Elternexploration im Begutachtungskontext. *Rechtspsychologie, 5*, 160–177. https://doi.org/10.5771/2365-1083-2019-2-160

Schwabe-Höllein, M. & Kindler, H. (2006). Erziehungsfähigkeit psychisch kranker Eltern. In T. Fabian & S. Nowara (Hrsg.), *Neue Wege und Konzepte in der Rechtspsychologie* (S. 143–154). Münster: Lit.

Skatsche, R., Buchegger, M., Schulter, G. & Papousek, I. (2013). *Strukturiertes Interview zur Erfassung der Kind-Eltern-Interaktion (SKEI). Ein Verfahren zur Diagnostik der emotionalen Beziehung im familienrechtlichen Kontext. Weiterentwicklung des Parent Attachment Structured Interview (PASI) von Samuel Roll, Julianne Lockwood & Elizabeth J. Roll.* Bern: Huber.

Skowron, E. A., Kozlowski, J. M. & Pincus, A. L. (2010). Differentiation, self-other representations, and rupture-repair processes: Predicting child maltreatment-risk. *Journal of Counseling Psychology, 57*, 304–316. https://doi.org/10.1037/a0020030

Steinhauer, P. D. (1983). Assessing for parenting capacity. *American Journal of Orthopsychiatry, 53*, 468–481. https://doi.org/10.1111/j.1939-0025.1983.tb03391.x

Stith, S. M., Liu, T., Davies, L. C., Boykin, E. L., Alder, M. C., Harris, J. M. et al. (2009). Risk factors in child maltreatment: A meta-analytic review of the literature. *Aggression and Violent Behavior, 14*, 13–29. https://doi.org/10.1016/j.avb.2006.03.006

Strobel, B., Liel, C. & Kindler, H. (2009). *Validierung und Evaluation des Kinderschutzbogens: Ergebnisbericht.* München: Deutsches Jugendinstitut e. V.

Suchman, N. E. & Luthar, S. S. (2000). Maternal addiction, child maladjustment and sociodemographic risks: Implications for parenting behaviors. *Addiction, 95*, 1417–1428. https://doi.org/10.1046/j.1360-0443.2000.959141711.x

Svanberg, P. O., Mennet, L. & Spieker, S. (2010). Promoting a secure attachment: A primary prevention practice model. *Clinical Child Psychology and Psychiatry, 15*, 363–378. https://doi.org/10.1177/1359104510367584

Tarabulsy, G. M., Provost, M. A., Bordeleau, S., Trudel-Fitzgerald, C., Moran, G., Pederson, D. R. et al. (2009). Validation of a short version of the maternal behavior Q-set applied to a brief video record of mother-infant interaction. *Infant Behavior & Development, 32*, 132–136. https://doi.org/10.1016/j.infbeh.2008.09.006

Tarabulsy, G. M., Provost, M. A., Larose, S., Moss, E., Lemelin, J.-P., Moran, G. et al. (2008). Similarities and differences in mothers' and observers' ratings of infant security on the Attachment Q-Sort. *Infant Behavior & Development, 31*, 10–22. https://doi.org/10.1016/j.infbeh.2007.05.002

Target, M., Fonagy, P. & Shmueli-Goetz, Y. (2003). Attachment representations in school-age children: The development of the Child Attachment Interview (CAI). *Journal of Child Psychotherapy, 29*, 171–186. https://doi.org/10.1080/0075417031000138433

Taylor, J. M. & Bergin, C. A. (2019). The Parent/Caregiver Involvement Scale – Short form of a valid measure of parenting quality in high-risk families. *Infant Behavior and Development, 54*, 66–79. https://doi.org/10.1016/j.infbeh.2018.11.002

Tellegen, P. J., Laros, J. A. & Petermann, F. (2012). *Non-verbaler Intelligenztest (SON-R 6-40).* Göttingen: Hogrefe.

Tellegen, P. J., Laros, J. A. & Petermann, F. (2018). *Non-verbaler Intelligenztest (SON-R 2-8).* Göttingen: Hogrefe.

Titze, K. & Lehmkuhl, U. (2010). *Elternbildfragebogen für Kinder und Jugendliche (EBF-KJ).* Göttingen: Hogrefe.

Tronick, E., Als, H., Adamson, L., Wise, S. & Brazelton, T. B. (1978). The infant's response to entrapment between contradictory messages in face-to-face interaction. *Journal of the American Academy of Child Psychiatry, 17,* 1–13. https://doi.org/10.1016/S0002-7138(09)62273-1

Tronick, E. Z. & Weinberg, M. (1990). *Infant Regulatory Scoring System/IRSS*. Unpublished manuscript, Children's Hospital/Harvard Medical School Boston.

Tröster, H. (2010). *Eltern-Belastungs-Inventar (EBI). Deutsche Version des Parenting Stress Index (PSI) von R. R. Abidin*. Göttingen: Hogrefe.

Unger, D. G., Tressell, P. A., Jones, C. W. & Park, E. (2004). Involvement of low-income single caregivers in child-focused early intervention services: Implications for caregiver-child interaction. *Family Relations, 53,* 210–218.

Van Ijzendoorn, M. H. & Kroonenberg, P. M. (1988). Cross-cultural patterns of attachment: A meta-analysis of the strange situation. *Child Development, 59,* 147–156. https://doi.org/10.1111/j.1467-8624.1988.tb03202.x

Volbert, R. & Dahle, K.-P. (2010). *Forensisch-psychologische Diagnostik im Strafverfahren*. Göttingen: Hogrefe.

Volbert, R., Huber, A., Jacob, A. & Kannegießer, A. (Hrsg.). (2019). *Empirische Grundlagen der familienrechtlichen Begutachtung. Familienpsychologische Grundlagen fundiert vorbereiten*. Göttingen: Hogrefe. https://doi.org/10.1026/02882-000

Volbert, R. & Kuhle, L. (2019). Sexueller Kindesmissbrauch. In R. Volbert, A. Huber, A. Jacob & A. Kannegießer (Hrsg.), *Empirische Grundlagen der familienrechtlichen Begutachtung* (S. 233–262). Göttingen: Hogrefe.

Volbert, R. & Steller, M. (Hrsg.). (2008). *Handbuch der Rechtspsychologie*. Göttingen: Hogrefe.

Wechsler, D. (2018). *Wechsler Preschool and Primary Scale of Intelligence – Fourth edition (WPPSI-IV). Deutsche Bearbeitung herausgegeben von F. Petermann und M. Daseking*. Frankfurt am Main: Pearson.

Wechsler, D. & Naglieri, J. A. (2014). *Wechsler Nonverbal Scale of Ability (WNV). Deutsche Bearbeitung herausgegeben von F. Petermann*. Frankfurt am Main: Pearson.

Weiß, R. H. (2019). *Grundintelligenztest Skala 2 – Revision (CFT 20-R) mit Wortschatztest und Zahlenfolgentest – Revision (WS/ZF-R)* (2., überarb. Aufl. mit aktualisierten und erweiterten Normen). Göttingen: Hogrefe.

Werner, A. (2006). Was brauchen Kinder, um sich altersgemäß entwickeln zu können?. In H. Kindler, S. Lillig, H. Blüml, T. Meysen & A. Werner (Hrsg.), *Handbuch Kindeswohlgefährdung nach § 1666 BGB und Allgemeiner Sozialer Dienst (ASD)* (S. 13-1–13-4). München: Deutsches Jugendinstitut e. V.

Werner, E. E. (1993). Risk, resilience, and recovery: Perspectives from the Kauai longitudinal study. *Development and Psychopathology, 5,* 503–515. https://doi.org/10.1017/S095457940000612X

Werner, E. E. & Smith, R. S. (2001). *Journeys from childhood to middle life: Risk, resilience and recovery*. Ithaca, NY: Cornell University Press.

Westhoff, K. & Kluck, M.-L. (2014). *Psychologische Gutachten schreiben und beurteilen* (6. Aufl.). Heidelberg: Springer. https://doi.org/10.1007/978-3-642-35354-3

Whitaker, D. J., Le, B., Hanson, R. K., Baker, C. K., McMahon, P. M., Ryan, G., Klein, A. & Donovan Rice, D. (2008). Risk factors for the perpetration of child sexual abuse: A review and meta-analysis. *Child Abuse & Neglect, 32,* 529–548.

Wilson, S. R., Rack, J. J., Shi, X. & Norris, A. M. (2008). Comparing physically abusive, neglectful, and non-maltreating parents during interactions with their children: A meta-analysis of observational studies. *Child Abuse & Neglect, 32,* 897–911. https://doi.org/10.1016/j.chiabu.2008.01.003

Wissenschaftliche Dienste des Deutschen Bundestages. (2016). *Zum Begriff der psychologischen und psychotherapeutischen Berufsqualifikation in § 163 Absatz 1 FamFG.* Verfügbar unter https://www.bundestag.de/resource/blob/485840/4693359f4c98c8f6ef24d040da43b9b4/wd-7-163-16-pdf-data.pdf

Wulf, R. & Reich, K. (2007). Kindeswohlprognose. Ein kriminologischer und viktimologischer Beitrag. *Kindschaftsrecht und Jugendhilfe, 7/8,* 266–268.

Zeanah, C. H., Boris, N. W. & Larrieu, J. A. (1997). Infant development and developmental risk: A review of the past 10 years. *Journal of the American Academy of Child and Adolescent Psychiatry, 36,* 165–178. https://doi.org/10.1097/00004583-199702000-00007

Zimmermann, P. & Scheuerer-Englisch, H. (2003). BISK: Das Bindungsinterview für die späte Kindheit. In H. Scheuerer-Englisch, G. J. Suess & K.-W. Pfeiffer (Hrsg.), *Wege zur Sicherheit* (S. 241–276). Gießen: Psychosozial-Verlag.

Zumbach, J. (2016). Mental disorders in children and parents in family law proceedings: Cases on child protection matters versus child custody and visitation issues. *Journal of Child and Family Studies, 25,* 3097–3108. https://doi.org/10.1007/s10826-016-0476-8

Zumbach, J. (2017). *Psychische Störungen bei Kindern und Jugendlichen in familienrechtlichen Verfahren. Empirische Analysen psychologischer Sachverständigengutachten.* Dissertation, Carl-von-Ossietzky Universität Oldenburg, Fakultät für Bildungs- und Sozialwissenschaften.

Zumbach, J. (2019). Psychische Kindesmisshandlung. In R. Volbert, A. Huber, A. Jacob & A. Kannegießer (Hrsg.), *Empirische Grundlagen der familienrechtlichen Begutachtung* (S. 203–232). Göttingen: Hogrefe.

Zumbach, J. & Koglin, U. (2015). Psychological evaluations in family law proceedings. A systematic review of the contemporary literature. *Professional Psychology: Research and Practice, 46,* 221–223.

Zumbach, J., Oster, A., Rademacher, A. & Koglin, U. (2020). *Behavior observation in child maltreatment risk evaluation: A systematic review on observational coding systems.* Manuscript submitted for publication.

Zumbach, J., Saini, M. & Koglin, U. (in Druck). Children's strategies for giving voice to needs consistent with the UN Convention on the Rights of the Child (UNCRC). *Family Court Review.*

Renate Volbert /
Anne Huber /
André Jacob /
Anja Kannegießer
(Hrsg.)
Empirische Grundlagen der familienrechtlichen Begutachtung
Familienpsychologische Gutachten fundiert vorbereiten

2019, 388 Seiten, € 39,95 / CHF 48.50
ISBN 978-3-8017-2882-3
Auch als eBook erhältlich

Psychologisches Grundlagenwissen für fundierte familienrechtliche Begutachtungen und Entscheidungen.

Renate Volbert /
Klaus-Peter Dahle
Forensisch-psychologische Diagnostik im Strafverfahren

(Reihe: „Kompendien Psychologische Diagnostik", Band 12). 2010, 160 Seiten, € 24,95 / CHF 35.50
ISBN 978-3-8017-1460-4
Auch als eBook erhältlich

Das Buch liefert einen Überblick über die relevanten Begutachtungsfragestellungen und -methoden innerhalb der Forensischen Psychologie.

Martin Rettenberger /
Fritjof von Franqué
(Hrsg.)
Handbuch kriminalprognostischer Verfahren

2013, 383 Seiten, Großformat,
€ 69,95 / CHF 95.00
ISBN 978-3-8017-2393-4
Auch als eBook erhältlich

Dieses Handbuch stellt eine zentrale Hilfe für all jene Berufsgruppen dar, die sich wissenschaftlich, gutachterlich oder therapeutisch mit Kriminalprognosen befassen.

Liselotte Staub
Das Wohl des Kindes bei Trennung und Scheidung
Grundlagen für die Praxis der Betreuungsregelung

2018, 304 Seiten,
€ 24,95 / CHF 32.50
ISBN 978-3-456-85813-5
Auch als eBook erhältlich

Festlegung der Betreuungsanteile und Eltern-Kind-Kontakte nach der Trennung der Eltern: Wie viel Kontakt ist hinreichend? Wie viel Kontakt ist notwendig? Gibt es Handlungsalternativen bei Widerständen?

hogrefe

www.hogrefe.com

Miriam Rassenhofer /
Ulrike Hoffmann /
Lina Hermeling /
Oliver Berthold /
Jörg M. Fegert /
Ute Ziegenhain
Misshandlung und Vernachlässigung

(Reihe: „Leitfaden Kinder- und Jugendpsychotherapie", Band 28)
2019, XI/145 Seiten, € 24,95 / CHF 32.50
(Im Reihenabonnement
€ 17,95 / CHF 24.50)
ISBN 978-3-8017-2668-3
Auch als eBook erhältlich

Handlungsempfehlungen für den Umgang mit Kindesmisshandlung und -vernachlässigung.

Lutz Goldbeck /
Marc Allroggen /
Annika Münzer /
Miriam Rassenhofer /
Jörg M. Fegert
Sexueller Missbrauch

(Reihe: „Leitfaden Kinder- und Jugendpsychotherapie", Band 21)
2017, XVI/138 Seiten, € 24,95 / CHF 32.50
(Im Reihenabonnement
€ 17,95 / CHF 24.50)
ISBN 978-3-8017-1680-6
Auch als eBook erhältlich

Handlungsempfehlungen für das Erkennen sexuellen Missbrauchs und den Umgang mit Verdachtsfällen.

Albert Lenz /
Silke Wiegand-Grefe
Kinder psychisch kranker Eltern

(Reihe: „Leitfaden Kinder- und Jugendpsychotherapie", Band 23)
2017, XII/171 Seiten, € 24,95 / CHF 32.50
(Im Reihenabonnement
€ 17,95 / CHF 24.50)
ISBN 978-3-8017-2589-1
Auch als eBook erhältlich

Leitlinien zum diagnostischen und therapeutischen Vorgehen bei Kindern psychisch kranker Eltern.

Jörg Fichtner
Trennungsfamilien – lösungsorientierte Begutachtung und gerichtsnahe Beratung

(Reihe: „Praxis der Paar- und Familientherapie", Band 9)
2015, IX/217 Seiten,
€ 26,90 / CHF 35.90
ISBN 978-3-8017-2517-4
Auch als eBook erhältlich

Das Buch beschreibt den Ansatz der lösungsorientierten Begutachtung und gerichtsnahen Beratung von hochkonflikthaften Trennungsfamilien.

www.hogrefe.com

hogrefe